COLLECTION
ROLF HEYNE

Wolfgang Faßbender

DIE WEINE DES ELSASS

Mit Fotos von Armin Faber
und Thomas Pothmann

Wilhelm Heyne Verlag
München

Der Autor

Wolfgang Faßbender, geb. 1968, ist ausgewiesener Wein- und Elsaßkenner. Er lebt als freier Journalist im Bergischen Land und schreibt regelmäßig für Fachzeitschriften und Tageszeitungen über Wein, Gastronomie und Reisethemen.

Bildnachweis:
Kartographie: Huber Kartographie S. 8
Illustrationen: Almud Kunert S. 24/25
Alle anderen Fotos: Faber und Partner

Umschlaggestaltung: Hauptmann und Kampa Werbeagentur, CH-Zug, unter Verwendung von Fotos von Faber und Partner
Redaktion: Eric Calzolari
Grafische Gestaltung und Satz: Marina Faggioli-Herold
Herstellung: Karlheinz Rau
Druck und Bindung: RMO Druck, München

Printed in Germany

ISBN 3-453-13784-1

Inhalt

Zum Richtigen Gebrauch

Die Winzer

Die Gesamtbeurteilung der Qualität eines Winzers erfolgt im Kasten unter den Flaschenabbildungen. Nicht nur die Güte der Spitzengewächse, sondern jene aller Weine wird hier berücksichtigt.

★ Überdurchschnittlich gute Qualität
★★ Sehr gute Qualität
★★★ Topqualität, einer der besten Winzer des Elsaß

Die Weine

Die wichtigsten Weine jedes Erzeugers werden – als Indiz für ihre Qualität und ohne Berücksichtigung jahrgangsbedingter Schwankungen – ebenfalls mit ein bis drei Sternen bewertet.

★ Standardqualität des betreffenden Winzers
★★ Herausgehobene Qualität
★★★ Spitzenqualität

Weinbergsfläche

Angabe der eigenen Weinberge in Hektar; einige Betriebe kaufen Trauben, Most oder Wein dazu.

Jährliche Abfüllung

Anzahl der durchschnittlich abgefüllten 0,75-Liter-Flaschen.

Die Abkürzungen **VV, VT** und **SGN** sowie viele andere Abkürzungen und Fachbegriffe sind im Glossar ab S. 236 erklärt.
Rebsortenangaben in Klammern geben an, aus welchen Sorten VT oder SGN oder ähnliche Cuvées üblicherweise erzeugt werden. Es handelt sich nicht um eine Assemblage (einen Verschnitt) mehrerer Traubensorten.

Preise ab Keller	1:	bis 30 Francs		4:	bis	100 Francs
	2:	bis 50 Francs		5:	bis	130 Francs
	3:	bis 75 Francs		6:	über	130 Francs

Die Telefonnummern sind mit Ländervorwahl angegeben. Bei einem Anruf aus Frankreich ist diese wegzulassen und statt dessen eine 0 vorzuwählen.

Vorwort

Einfach zauberhaft, dieses Elsaß. Eingeklemmt zwischen Vogesen und Rhein, klimatisch verwöhnt, landschaftlich von unvergleichlicher Schönheit und seit dem späten Mittelalter europaweit berühmt für seinen Wein. Man versteht schon, warum sich Deutsche und Franzosen jahrhundertelang stritten um die Region.

Zwischen Wissembourg im Norden und Thann im Süden arbeitet entlang der Weinstraße, der Route du Vin, eine Vielzahl an Weinbaubetrieben: alteingessene *négociants*, die Trauben dazukaufen, große Winzergenossenschaften, aber auch immer mehr junge Erzeuger, die neue Ideen einbringen, ohne ihre Wurzeln zu verleugnen.

Gewiß, Massenweine werden auch produziert im Elsaß. Aber mehr als je zuvor existieren preiswürdige und hochwertige Sylvaner, Pinot Blancs, Auxerrois und Chasselas, selbstverständlich auch berühmte Rieslinge, Gewürztraminer, Pinot Gris und Muscats. Gar nicht zu reden vom schäumenden Crémant d'Alsace, der in seiner Spitze qualitativ durchaus mit Champagner zu konkurrieren vermag. Auch unter den edelsüßen Weinen, den Vendanges Tardives und Sélections de Grains Nobles, sind immer öfter Entdeckungen zu machen; Strohweine und *vins de glace*, Eisweine, zählen zu den seltensten, aber lohnendsten Raritäten. Sogar im Rotweinbereich hat sich einiges getan: Neben den süffigen Rosé ist der dichte, fruchtige Pinot Noir getreten, der oft im Barrique Struktur gewinnt.

Dieses Buch möchte ein Führer sein zur faszinierenden Weinwelt des Elsaß. In knapper Form werden die wichtigsten Weingüter beschrieben. Besonderer Wert wurde auf die Vorstellung der jungen, engagierten und experimentierfreudigen Winzer gelegt.

Wolfgang Faßbender

Weiler
Wissembourg
Rott
Geisberg 243 m
Cleebourg
Seebach
Merkwiller-Pechelbronn
Schœnenbourg
Soultz-sous-Forêts
Betschdorf
Hatten
Stutzheim
Wissembourg
Bischheim
Marlenheim
Traenheim
Dahlenheim
Oberhausbergen
Cronenbourg
Bergbieten
Strasbourg
Wolxheim
Mutzig
Molsheim
Lingolsheim
Entzheim
Illkirch-Graffenstaden
Dorlisheim
Rosheim
Blaesheim
Klingenthal
Obernai
Lipsheim
Plobsheim
Ottrott
Heiligenstein
Erstein
Colroy-la-Roche
Champ du Feu 1100m
Barr
Mittelbergheim
Andlau
Itterswiller
Benfeld
Epfig
Bourg-Bruche
St-Martin
Nothalten
FRANCE
Dambach-la-Ville
Scherwiller
Ebersmünster
Ste-Croix-aux-Mines
Châtenois
Sélestat
Kintzheim
Orschwiller
Canal du Rhône au Rhin
Rhein
Sainte-Marie-aux-Mines
Saint-Hippolyte
Ettenheim
Grand Taennchel
Rodern
Rorschwihr
Bergheim
Ribeauvillé
Le Bonhomme
Hunawihr
Zellenberg
Illhaeusern
Kenzingen
La Poutroie
Riquewihr
Beblenheim
Mittelwihr
Kientzheim
Bennwihr
Sasbach
Riegel
Kaysersberg
Sigolsheim
Endingen
Ammerschwihr
Katzenthal
Les-Trois-Epis
Ingersheim
Tengen
Colmar
Grand Hohnack
Nieder-morschwihr
Burkheim
Turckheim
Horbourg
Kaiserstuhl
Gunsbach
Wintzenheim
Wettolsheim
Husseren-les-Châteaux
Eguisheim
Munster
Vœgtlinshoffen
Breisach
Gueberschwihr
Hattstatt
Osenbach
Neuf-Brisach
Pfaffenheim
Soultzmatt
Westhalten
Rouffach
Freiburg im Breisgau
Buhl
Orschwihr
Bergholtz
Murbach
Guebwiller
Soultz
Ungersheim
956 m
Vieil Armand
Canal du Rhône au Rhin
Staufen im Breisgau
Uffholtz
DEUTSCHLAND
Chalampé
Cernay
Wittenheim
Wittelsheim
Müllheim
Pfastatt
Blauen 1165 m
10 km
Mulhouse
Rixheim

Kleine Weinkunde des Elsass

Das Elsaß – Eine historische Weinlandschaft

Wie so viele Weinbauregionen Mitteleuropas verdankt auch das Elsaß seine Rebkultur den Römern. Die Besatzer schätzten das milde Klima der Vogesenhügel und führten den elsässischen Weinbau zu einer ersten Blüte: Einige der heute noch benutzten Lagennamen gehen unmittelbar auf die gallo-römische Epoche zurück. Andere Weinbergsbezeichnungen – Mambourg, Hengst oder Engelberg – entstanden im frühen Mittelalter.

Schon vor der Jahrtausendwende entwickelte sich das Elsaß zu einer der wichtigsten Weinbauregionen Europas. So entstand 825 der erste Weinmarkt Deutschlands nirgendwo anders als in Straßburg. Ab dem 13. Jahrhundert wurden Weine in größerem Umfang verschifft, im Jahre 1400 exportierte allein Colmar die gewaltige Menge von 100.000 Hektolitern Wein – was gerade mal ein Zehntel der gesamten elsässischen Ausfuhr darstellte. Da auch im Land selbst das eine oder andere Faß geleert wurde, ist anzunehmen, daß die Gesamtproduktion des Elsaß weit über der heutigen lag.

Seinen Höhepunkt erreichte der elsässische Weinbau dann im 15. und 16. Jahrhundert. Von dieser großen Epoche und dem Reichtum der Winzer zeugen die vielen malerischen Renaissancehäuser entlang der Weinstraße. Riquewihr – komplett unter Denkmalschutz –, Kaysersberg oder Obernai verdanken ihre sehenswerte Pracht vor allem der einstigen Beliebtheit elsässischer Weine in ganz Europa. Nicht nur Norddeutschland, auch Skandinavien oder Großbritannien zählten damals zu den eifrigen Abnehmern der zwischen Rhein und Vogesenhängen gekelterten Gewächse. Zu dieser Zeit wurden auch die ersten Rebsorten namentlich erwähnt: Riesling, Muscat, Traminer. Nach wie vor war jedoch der Anbau im Mischsatz üblich.

Niedergang des elsässischen Weinbaus

Bis zum Beginn des 17. Jahrhunderts blieb das Elsaß die

bedeutendste deutsche Weinregion. Doch das goldene Zeitalter endete rapide: Der Dreißigjährige Krieg schaffte es, den Weinbau fast vollständig zum Erliegen zu bringen. Nach dem Westfälischen Frieden (1648) waren die meisten Weinberge und Vorräte zerstört, war die Bevölkerung durch Krieg und Seuchen dezimiert. Es dauerte viele Jahre, bis Zuzügler – vor allem aus der Schweiz – und die wenigen überlebenden Elsässer einen zumindest bescheidenen Neuanfang wagten. Nach und nach erholte sich das Elsaß von der Katastrophe, doch nie wieder sollte die Region jene überragende Bedeutung erlangen, die sie am Übergang vom Mittelalter zur Neuzeit besaß.

Anfang des 20. Jahrhunderts lasteten zwei weitere Schicksalsschläge auf dem elsässischen Weinbau: Durch den Anschluß an Frankreich in Folge des Ersten Weltkriegs fielen die gewohnten deutschen Absatzgebiete weg. Dazu kam die Plage der Reblaus, die 1904 erstmals in den Weinbergen beobachtet wurde. Doch was zum endgültigen Niedergang des Rebanbaus hätte führen können, wurde wider Erwarten zum Beginn eines neuen, zumindest hellgoldenen Zeitalters. Die notwendige Neubepflanzung aller Flächen mit gepfropften Reben verbannte eine unüberschaubare Fülle weniger edler Sorten. In der zweiten Hälfte dieses Jahrhunderts erschloß sich das Elsaß neue Exportregionen in Skandinavien, den Beneluxstaaten, in den USA oder Asien.

Négociants und Genossenschaften

Auf einer Rebfläche von etwa 14.500 Hektar werden heute jährlich rund 1.100.000 Hektoliter Wein erzeugt – umgerechnet nicht weniger als 150.000.000 Flaschen. Von den über 6.600 Winzerbetrieben liefern freilich die allermeisten ihre Trauben bei einem der großen Weinhändler *(négociants)* oder einer Genossenschaft ab. Nur wenig mehr als 1.100 Winzer füllen ihre Erzeugnisse selbst auf Flaschen und vermarkten sie an den Endverbraucher. Die Bedeutung der *négociants* reicht weit in die Vergangenheit zurück. Als es dem elsässischen Weinbau weniger blendend ging, in der langen Epoche zwischen Renaissance und dem Beginn des 20. Jahrhunderts, garantierten Händler wie Hugel oder Trimbach den kleinen Weinbauern die Abnahme bestimmter Mengen und damit ihre Existenz. 1895 nahmen die ersten Winzer ihre Geschicke selbst in die Hand und gründeten die Genossenschaft von Ribeauvillé; rasch folgten weitere Kooperativen. Fast jeder größere Weinort besaß in der zweiten Hälfte dieses Jahrhunderts seine eigene Cave Vinicole. In den letzten Jahren freilich ist ein bemerkenswerter Konzentrationsprozeß zu beobachten. Immer mehr Genossenschaften schließen sich mit anderen zusammen oder erwerben Handelshäuser. So ist beispielsweise Alsace Willm, ein bekannter *négociant*, heute im Besitz der Winzergenossenschaft von Eguisheim. Allein die beiden Riesen des elsässischen Weinbaus – die Cave Vinicole d'Eguisheim (Wolfberger) sowie die Divinal unter Führung der Cave Vinicole d'Obernai – erzeugen zusammen jede fünfte Flasche Elsässer Weines.

Unterwegs auf der *route du vin*

Wer kennt es nicht, der schon mal im Elsaß unterwegs war? Das Schild *dégustation* (Verkostung) lockt entlang der *route du vin* tausendfach zur unverbindlichen Weinprobe, oft im folkloristischen Ambiente. Auf spontane Besucher ist man eingestellt, praktisch alle Winzer sind des Deutschen mächtig. Nicht immer entspricht leider die Qualität der Weine der Schönheit des Holzfaßkellers. Gerade in den touristischen Zentren zahlt man für eine mittelprächtige Flasche eines durchschnittlichen Händlers oft deutlich mehr als für den Grand Cru eines zwei, drei Kilometer entfernt arbeitenden Spitzenwinzers.

Zwischen Marlenheim im Norden und Thann im Süden schlängelt sich die elsässische Weinstraße – nicht weniger als 170 Kilometer lang. Hier liegen, wie an einer Perlenkette aufgereiht, praktisch alle elsässischen Rebflächen. Wichtigste Ausnahme ist jene nördliche Exklave um Wissembourg, unmittelbar an der Grenze zur Pfalz. Von Norden nach Süden ändert sich auch der Charakter der Weine. Je weiter man in Richtung Thann vorstößt, desto kraftvoller, würziger und üppiger schmecken Rieslinge, Traminer und Burgundersorten.

Die Methoden der Weinbereitung ändern sich im Verlauf der *route du vin* allerdings kaum. Im Vergleich zu anderen französischen Regionen liegen die Hektarerträge relativ hoch. Als absolute gesetzliche Obergrenze für Weine der Appellation Alsace Contrôlée gelten 100 Hektoliter, doch wurde diese

Weinkeller von Robert Faller in Kientzheim

Marge in den letzten Jahren auf 80 Hektoliter festgesetzt. Andererseits gestand man den Winzern in überreichen Jahrgängen großzügige Ausnahmeregelungen zu: 1982 erntete man im Durchschnitt stolze 120 Hektoliter pro Hektar. Tatsächlich halten viele der qualitätsorientierten Erzeuger solch großzügige Regelungen für einen der größten Fehler der Weingesetzgebung. In schwierigen Jahren wie 1995 kommen dann auch regelmäßig verwässerte, häufig zu hoch chaptalisierte Weine in Mengen auf den Markt: Das Beste und das Schlechteste liegen im Elsaß leider nach wie vor eng beisammen.

Mit Ausnahme der Vendanges Tardives und der Sélections de Grains Nobles, die nicht aufgezuckert werden, ist die Chaptalisierung weit verbreitet. Nur wenige Winzer – unter anderen Jean-Pierre Frick oder Jean-Michel Deiss – verzichten konsequent auf eine Erhöhung des natürlichen Alkohols. Der Ausbau erfolgt in großen Holzfässern oder in Stahltanks, bei den *négociants* und Winzergenossenschaften häufig in gewaltigen, mit Glas ausgekleideten Betonbehältern. Von Barriqueweinen ist seit einigen Jahren verstärkt die Rede, und die Nachfrage nach hochwertigem Pinot Noir mit dem Einfluß von neuem Holz hat deutlich zugenommen. Viele Erzeuger haben sich zwei, drei Barriques in eine Kellernische gestellt und versuchen sich am Ausbau solcher Weine. Die Ergebnisse reichen von „ungenießbar" bis zu „beachtlich", nur wenigen Spitzenwinzern gelingen auf diese Weise herausragende Rotweine (siehe auch Kapitel „Vom süffigen Rosé zum Barriquerotwein"). Weitaus seltener als die roten Barriqueweine sind die weißen (Auxerrois, Pinot Gris, Pinot Blanc, sogar Riesling, Gewürztraminer oder Sylvaner), und an ihnen entzündet sich eine heftige Diskussion: Neben solchen Erzeugern, die auf Teufel komm raus experimentieren, stehen andere, die Barriques als fürs Elsaß völlig untypisch ablehnen. Gleiches gilt für die gelegentlich angewandte Methode des Biologischen Säureabbaus. Bei Rotweinen ist sie üblich, bei weißen Sorten eine große Ausnahme.

Nur wenige der auf Etiketten angegebenen Begriffe sind gesetzlich definiert, andere werden nach Gusto verwendet: Klingende Namen wie *Tradition, Réserve* oder *Cuvée Exceptionnelle* besitzen keine gesicherte Aussagekraft. Ein wichtiges Indiz für Qualität sind – neben dem Namen des Winzers – die begehrten Siegel, die von der traditionsreichen Weinbruderschaft Confrérie de Saint-Étienne verliehen werden. Sie sind allemal zuverlässiger und werden weitaus restriktiver verteilt als die diversen Medaillen der Wettbewerbe von Colmar, Mâcon oder Paris. Als *Vieilles Vignes* dürfen nur solche Weine bezeichnet werden, die von mindestens 25 Jahre alten Reben stammen.

Elsässer Wein – ein trockener Wein?

Galt der Elsässer Wein früher als Muster des trockenen Weißweines, so finden sich heute viele Weine auf dem Markt, die eher als halbtrocken bezeichnet werden müssen. Das ist prinzipiell kein Nachteil, gerade Pinot Gris und Gewürztraminer vertragen einige Gramm Zucker sehr gut. In reifen Jahrgängen – allen voran 1997 – ist es kaum möglich, absolut trockene Traminer oder Grauburgunder zu erzeugen, die nicht alkoholisch wirken. Während Muscat, Sylvaner und Pinot Blanc fast immer trocken ausgebaut werden, existieren beim Riesling verschiedene Stilrichtungen. Neben Erzeugern, die um keinen Preis der Welt restsüße Rieslinge herstellen würden (Ausnahme sind die spät geernteten Spätlesen und Beerenauslesen), stehen Kollegen, die den Gärvorgang gern frühzeitig stoppen und einige Gramm Zucker im Wein belassen. Wieder andere hängen keinen Dogmen an und machen die Entscheidung von den Gegebenheiten des Jahrgangs abhängig. Manche extraktreichen Rieslinge großer Lagen schmecken verblüffenderweise trocken – trotz zehn, zwölf, gar 15 Gramm vorhandenem Zucker.

Elsässische Rebsortenvielfalt

Von den sieben Rebsorten des Elsaß spricht man gern – doch die Wahrheit ist vielfältiger. Riesling, Gewürztraminer, Muscat und Tokay-Pinot Gris (Grauer Burgunder) sind die am meisten geschätzten Varietäten. Für letztgenannte Sorte benutzten elsässische Winzer früher nur den Begriff Tokay, doch die gern verbreitete Legende über eine Verwandtschaft mit ungarischen Tokayern entbehrt jeden Wahrheitsgehalt. Angeblich soll der General von Schwendi die Rebe im 16. Jahrhundert aus Ungarn mitgebracht haben, was ampelographisch nicht haltbar ist. Inzwischen ist der Begriff Tokay – auch auf Intervention ungarischer Erzeuger – nur noch in Verbindung mit Pinot Gris gestattet, und immer mehr jüngere Winzer lassen den mißverständlichen Namen Tokay weg. Auch in diesem Buch ist stets nur von Pinot Gris die Rede, auch wenn auf manchen der abgebildeten Etiketten noch Tokay-Pinot Gris zu lesen ist. Sylvaner und Pinot Blanc gelten als Lieferanten einfacher und unkomplizierter Zechweine, einzige zugelassene Rotweinsorte ist der Pinot Noir.

Unbekannte Spezialitäten

Nicht zu vernachlässigen sind, trotz ihrer heute mengenmäßig geringen Bedeutung, die Rebsortenspezialitäten. Chasselas, der deutsche Gutedel, war bis vor wenigen Jahrzehnten noch eine verbreitete Sorte, doch im Zuge nachlassender Nachfrage griffen viele Winzer zur Spitzhacke und ersetzten ihn durch Pinot Blanc oder Pinot Gris. Gerade mal eine Handvoll Spitzenerzeuger widmen sich wirklich mit Leidenschaft dieser Sorte (etwa Bernard Schoffit oder André Ostertag) und stellen aus ihr spritzige, leichte, aber auch schon mal dichte, füllige Weine her. Noch seltener

Weinlese in Kaysersberg

als der Chasselas ist der Klevener de Heiligenstein. Der kleine Weinort Heiligenstein besitzt ein gesetzlich verbürgtes Monopol auf diese Rarität; nur auf den Rebflächen rund um den Ort darf der Klevener angepflanzt werden. Es handelt sich um einen Verwandten des Gewürztraminers, einen direkten Abkömmling des im Jura angebauten Savagnin Rose. Mit seiner milden Würze läßt er manchmal eher an einen Pinot Gris als an einen echten Gewürztraminer denken. Außerhalb von Heiligenstein wird

Klevner (ohne „e" in der Mitte!) noch immer als Synonym für Pinot Blanc verwendet. Schließlich hat auch der Chardonnay mittlerweile eine gewisse Bedeutung erlangt – allerdings ausschließlich als Grundwein für den Crémant. Offiziell ist er zur Erzeugung von Stillweinen nicht zugelassen, obwohl sich einige Winzer nonchalant über diese Vorschrift hinwegsetzen. Sie verbergen ihren Chardonnay gern unter der Bezeichnung „Pinot CH" oder etikettieren den Chardonnay schlichtweg als Pinot Blanc...

Hinter letzterem verbergen sich ohnehin zwei unterschiedliche Sorten: der echte Weißburgunder und sein Verwandter, der Pinot Auxerrois. Immer öfter werden Auxerrois auch so gekennzeichnet, unter dem Begriff Pinot Blanc füllen acht von zehn Winzern eine Assemblage beider Burgunderspielarten ab. Um die Verwirrung komplett zu machen, ist auch der Muscat oft eine Mischung zweier eigenständiger Rebsorten, des Muscat à Petits Grains (oder Muscat d'Alsace) und des früher reifenden Muscat-Ottonel.

Von Zwickern und Edelzwickern

Noch im letzten Jahrhundert war es allgemein üblich, eine Assemblage verschiedener Rebsorten auszubauen. Lange war der Begriff *Gentil* für diese Art von preiswerten Weinen in Gebrauch; nach 1871, als das Elsaß zu Deutschland kam, entstanden die Namen Zwicker und Edelzwicker. (Der Begriff zwicken bedeutet soviel wie verschneiden.)

Längst ist der Begriff Zwicker aus den Weingesetzen verschwunden, und der Edelzwicker ist heute alles andere als ein Aushängeschild. In den letzten Jahrzehnten kamen unter dem vollmundigen Begriff bedauerlicherweise viele ganz und gar nicht edle Weine auf den Markt. Vor allem deutsche Weintrinker waren dankbare Abnehmer von miserablen Edelzwickern zu Niedrigpreisen. Meist aus Pinot Blanc und Sylvaner erzeugt, ergänzt von Chasselas und oft einem Schuß Gewürztraminer oder Muscat, galten Edelzwicker vielen Touristen als Synonym für elsässischen Wein. Doch die Tage dieser Spezialität scheinen gezählt: Seine Erzeugung geht zugunsten rebsortenreiner Weine zurück. Was, nebenbei gesagt, kaum jemand bedauert. Einige wenige Winzer aber steuern gegen und haben den alten Namen *Gentil* wiederbelebt. In einigen Fällen kommt unter diesem Begriff ein durchaus empfehlenswerter, süffiger und erfrischender Wein in den Verkauf.

Verschnittweine mit Renommee

Über Jahrhunderte hinweg war der Anbau im Mischsatz im Elsaß üblich, einige wenige dieser Verschnittweine hoher Qualität haben sich über die Zeit gerettet. Mit dem simplen Edelzwicker sind solche Spezialitäten freilich nicht zu verwechseln. Zu ihnen gehört der „Kaefferkopf", wie ihn beispielsweise Pierre Sparr oder Jean-Baptiste Adam herstellen (eine Mischung aus Riesling und Gewürztraminer), dazu zählt der berühmte Clos du Zahnacker (Riesling, Pinot Gris und Gewürztraminer) der Cave Vinicole de Ribeauvillé. Andere Winzer versuchen sich in modernen Assemblages – einer der ersten war Marc Kreydenweiss mit seinem Clos du Val d'Eléon aus Riesling und Pinot Gris. Gérard Boesch aus Soultzmatt keltert seit kurzem einen sogenannten Vallée Noble mit unverkennbarem Rieslinganteil (die genaue Zusammensetzung ist geheim!). Spricht man über Assemblages, so kommt freilich niemand um Jean-Michel Deiss herum. Mit seinem bereits legendären Grand Vin d'Altenberg hat der Bergheimer Erzeuger Weinbaugeschichte geschrieben. Diese Mischung aus Riesling, Pinot Gris und Gewürztraminer wurde 1994 erstmals gekeltert und widerspricht streng genommen dem elsässischen Grand-Cru-Prinzip. Der Name des klassifizierten Altenberg de Bergheim nämlich darf, wie der aller Grands Crus, nur für rebsortenrein ausgebaute Weine verwendet werden. Der pfiffige Winzer Deiss aber gab keine Ruhe und trotzte dem INAO (Institut National des Appellations d'Origine), dem für die Überwachung der Appellationsbestimmungen zuständigen Institut, eine Ausnahmeregelung ab. Grand Vin d'Altenberg darf nun auf dem Etikett dieser raren Cuvée stehen, um einen Grand-Cru-Wein handelt es sich offiziell nicht. (Doch so genau sieht man es offenbar nicht im Elsaß, denn auf den Etiketten hat Jean-Michel Deiss unverdrossen den Begriff Grand Cru vermerkt.)

Die Marketingidee – die Grands Crus

Nur drei Prozent aller elsässischen Weine stammen von Grand-Cru-Lagen – aber welche Bedeutung haben sie in den letzten Jahren erlangt! Über Generationen hinweg stritt man über die Einführung einer Lagenklassifizierung, bevor 1975 als erster Grand Cru der Schlossberg von Kientzheim ausgewiesen wurde. In zwei Dekreten – 1983 und 1992 – bestimmte man weitere 49 Grands Crus. Auch wenn es

Weinberg in Ribeauvillé

innerhalb dieser Klassifikation qualitative Unterschiede gibt, auch wenn mancher Grand Cru deutlich zu groß geraten ist (der legendäre Sporen etwa wuchs von fünf auf 23 Hektar an) – niemand bestreitet heute den Imagegewinn, den der elsässische Weinbau durch diese Regelung erfahren hat. Nur rebsortenreine Weine der Sorten Riesling, Muscat, Pinot Gris und Gewürztraminer dürfen als Grand Cru vermarktet werden, die Ertragsobergrenze liegt mit 60 Hektolitern pro Hektar deutlich unter jener für nichtklassifizierte Lagen.

Freilich wurden nicht alle Spitzenlagen auch als Grand Cru eingestuft. Allen voran trifft diese Ungerechtigkeit den Kaefferkopf von Ammerschwihr. Dieser legendäre Weinberg wurde zwar bereits 1931 als erster elsässischer Weinberg rechtlich verbindlich abgegrenzt, doch besteht er aus zwei Parzellen mit unterschiedlichen Bodentypen: Die für Grands Crus geforderte Einheitlichkeit war nicht gewahrt. Immer wieder wird eine Korrektur dieser Entscheidung gefordert, aber das letzte Wort ist noch nicht gesprochen.

Weiteren renommierten Lagen – etwa Clos Windsbuhl, Clos Jebsal, Clos Hauserer oder Clos Sainte-Hune – wurde der Status verweigert, weil sie zu klein sind oder sich im Alleinbesitz eines Erzeugers befinden.

Buchstabenweine und nichtklassifizierte Lagen

Zwar schreiben die Grand-Cru-Bestimmungen vor, daß ausschließlich Riesling, Pinot Gris, Gewürztraminer und Muscat unter dem Namen der 50 klassifizierten Weinberge verkauft werden dürfen. Doch was sollte mit jenen Sylvaner-, Pinot-Blanc- oder Pinot-Noir-Reben geschehen, die schon seit langem auf diesen Flächen standen? Gerade die klassifizierten Spitzenlagen waren es ja, in denen die Massensorte Sylvaner ungeahnte Komplexität erreichte. Nirgendwo sonst als in den klimatisch besonders begünstigten Lagen lief der Pinot Noir zur großen Fülle auf. Die Lösung war ebenso pfiffig wie letztlich unbefriedigend: Man kürzte den Grand-Cru-Namen ab und verwendete nur noch den ersten Buchstaben. Also stammt bis heute ein Sylvaner „Z“ aller Wahrscheinlichkeit nach vom Grand Cru Zotzenberg (übrigens eine der besten Flächen für diese Sorte), also handelt es sich beim Pinot Noir „F“ des Weingutes Jean Becker um einen Rotwein vom Grand Cru Froehn.

Neben den Namen der 50 Grands Crus gebrauchen elsassische Winzer eine Fülle an alten Flurnamen, von sogenannten *lieux-dits*. Ihre Verwendung ist jedem Erzeuger freigestellt, und ein Lagenname garantiert noch lange nicht herausragende Qualität. De facto aber stellen diese Weine häufig eine preiswerte Alternative zu den berühmteren Grands Crus statt. Auch bei den besten Winzern überschreiten solche Sorten nur selten die Schwelle von 60 Francs. Zur Zeit denken die zuständigen Institutionen über eine verbindliche Auflistung der erlaubten Lagennamen nach. Doch ob die von einigen Erzeugern gewünschte Klassifizierung nach dem Vorbild Burgunds – Dorflagen, Premiers Crus, Grand Crus – in absehbarer Zeit zustande kommt? Bedenkt man, wie viele Jahre über die Einführung von Grands Crus gestritten wurde, so ist mit einer weitergehenden Lageneinstufung kaum vor Mitte des 21. Jahrhunderts zu rechnen.

Mit Spätlesen zu Ansehen

Edelsüße Weine wurden schon immer erzeugt im Elsaß – wenn es das Wetter denn zuließ. Mit der systematischen Gewinnung solcher Spitzenweine begannen viele Winzer aber erst in den siebziger Jahren dieses Jahrhunderts. 1984 wurden die Begriffe Vendanges Tardives (VT, wörtlich Spätlese, entspricht aber eher einer deutschen Auslese) und Sélection de Grains Nobles (SGN, Beerenauslese) gesetzlich definiert. Jeder Riesling, Pinot Gris, Gewürztraminer oder Muscat – nur diese Reben sind zugelassen – muß Mindestmostgewichte aufweisen (95 bis 105 Öchsle für eine VT, 110 bis 120 für die SGN), sich einer Verkostung stellen und darf nicht chaptalisiert werden. Die meisten qualitätsbewußten Winzer überschreiten die vorgeschriebenen Mostgewichte, einige haben für besonders hochwertige Beerenauslesen Phantasienamen kreiert: *Quintessence* (Domaine Weinbach oder Deiss), *Hors Choix* (Trimbach) oder „S" für Super (Hugel). Gesetzlich nicht definiert ist auch der Begriff *vin de glace* (Eiswein) – man findet solche bei Minusgraden gelesenen Raritäten nur bei wenigen experimentierfreudigen Erzeugern. André Kientzler, Seppi Landmann oder Roger Jung gehören zu diesen Ausnahmewinzern. Ob der Begriff *vin de glace* nun auf dem Rückenetikett angegeben ist oder nicht – die elsässischen Eisweine unterscheiden sich zumeist fundamental von ihren deutschen Pendants. Wie auch die Vendanges Tardives und Sélections de Grains Nobles nur teilweise vergleichbar sind mit den großen deutschen oder österreichischen Süßweinen. Mit Alkoholgraden von häufig 14 oder 15 liegen die elsässischen Edelsüßen weit über den Werten Pfälzer oder moselländischer Auslesen und Beerenauslesen. Entsprechend gering ist der Restzuckergehalt – bei VT überschreitet er selten 50 oder 60 Gramm pro Liter; SGN verfügen häufig über kaum mehr als 100 Gramm unvergorenen Zucker.

Nicht nur eine Kuriosität – der Strohwein

Nach und nach kommt auch eine fast in Vergessenheit geratene Spezialität wieder zu Ehren. Der *vin de paille,* der Strohwein, war bis Mitte dieses Jahrhunderts noch eine häufig gekelterte Alternative zur Beerenauslese. Auch in weniger herausragenden Jahren, in denen Botrytis nicht in ausreichendem Maße vorhanden war, konnten so natürlich süße Weine gekeltert werden. Im Gegensatz aber zum französischen Jura, dessen *vin de paille* noch heute eine liebevoll gepflegte Rarität darstellt, kümmerte sich jahrzehntelang niemand mehr um den elsässischen Strohwein. In den Appellationsbestimmungen ist nicht die Rede von ihm. Doch einigen traditionsbewußten Erzeugern, dem umtriebigen Jean-Michel Deiss, dem jungen Winzer Gérard Boesch aus Soultzmatt oder Jean Albrecht aus Orschwihr, ließ diese önologische Legende keine Ruhe. Vor wenigen Jahren begannen sie, vollreife Trauben zu ernten und auf Strohmatten oder Drähten zu trocknen. Nach der Pressung der rosinenartigen Beeren und monatelanger Gärung entstanden auf diese Weise süße Spitzenweine mit Aromen nach getrockneten Früchten, die sich von den klassischen botrytisdominierten Süßweinen fundamental unterscheiden. Wer heute allerdings ein Fläschchen Strohwein auftreiben will, muß suchen und anschließend beim Winzer Überzeugungsarbeit leisten: Auf Preislisten tauchen die wenigen erzeugten Flaschen bislang nicht auf.

Vom süffigen Rosé zum Barrique-Rotwein

Einen ähnlichen Aufschwung wie die edelsüßen (Weiß-) Weine haben die Rotweine genommen. Lange ein süffiges, harmloses Mittelding zwischen Rosé und Rotwein (von dem man nie genau wußte, ob man es gekühlt oder chambriert trinken sollte), hat sich der Pinot Noir zu beachtlicher Qualität gemausert. Mehrtägige Maischegärung (bis zu drei Wochen) und Barriqueausbau sind in den letzten zehn Jahren in Mode gekommen. Noch beherrscht allerdings nicht jeder Winzer den Umgang mit dem kleinen Holzfaß. In schwierigen Jahrgängen wie 1995, als es dem Pinot Noir vielfach an Fülle und Farbe mangelte, kamen reichlich mittelmäßige Hellrote mit aufdringlichen Holzaromen in Umlauf. Aber die elsässischen Winzer befinden sich eben noch in

Caveau du Vigneron in Turckheim

einer Experimentierphase, und die Ergebnisse aus den Jahren 1996 und 1997 überzeugen schon sehr viel mehr.

Noch ist man von den großen Burgundern freilich weit entfernt, nur wenige elsässische Pinot Noirs können mit den Spitzen der Bourgogne konkurrieren. Zu diesen erstklassigen Rotweinen gehören fraglos der Pinot Noir von Jean-Michel Deiss (die barriquegereifte Spitzencuvée Burlenberg Vieilles Vignes), der „F“ vom Weingut Paul Blanck oder André Ostertags konzentrierter Pinot Noir. Solche in kleinen Mengen erzeugten Cuvées erreichen mühelos Preise von über 100 Francs – und sie sind es wert. Nicht vergessen sollte man aber die wenigen großen Rotweine, die ohne Barriqueausbau hergestellt werden: Niedrige Erträge und lange Maischegärung können (etwa bei Christian Koehly aus Rodern) ebenfalls zu konzentrierten Roten hoher Qualität führen.

Schäumende Alternative – der Crémant

Ende des letzten Jahrhunderts begannen die ersten elsässischen Winzer mit der Erzeugung von Schaumweinen. Julien Dopff vom Handelshaus Dopff au Moulin war mitnichten der

Erfinder dieser Weinkategorie, doch sollte er der erste sein, der die Methode der Flaschengärung im großen Stil anwandte. Auf der Weltausstellung im Jahr 1900 schaute er die Prinzipien der qualitätsorientierten Schaumweinerzeugung, so die Legende, den Champagnerhäusern ab.

Merkwürdigerweise traten erst im Jahr 1976 gesetzliche Regelungen für den Crémant d' Alsace in Kraft. Außer der Flaschengärung sind neun Monate Reifelager auf der Hefe als Minimum vorgeschrieben – eine fraglos zu niedrig angesetzte Grenze. Dieser Meinung sind auch viele der schätzungsweise 500 elsässischen Crémant-Erzeuger: Sie überschreiten die geforderte Reifezeit beträchtlich, gönnen ihren Crémants häufig 18 bis 24 Monate Ruhe vor dem Degorgieren. Und immer mehr qualitätsbewußte Winzer oder Handelshäuser bringen Prestigecuvées auf den Markt, die auch schon mal fünf oder sechs Jahre auf der Hefe verbringen. Erstaunlich hoch ist das Niveau der elsässischen Crémants: Selbst die Standardcuvées der großen Handelshäuser sind fast immer zuverlässige Schaumweine; für weniger als 50 Francs sind bereits sehr gute Varianten erhältlich.

Neben Pinot Blanc und Auxerrois finden vor allem Chardonnay, Riesling und Pinot Gris als Sektgrundweine Verwendung. In dieser Mischung liegt die Stärke der elsässischen Crémants, die wenigen reinsortigen Riesling-Schaumweine begeistern nur selten. Eine Rarität sind die als Rosé oder Blanc de Noirs (weißgekelterte Rotweintrauben) bezeichneten Varianten. Sie sind ausschließlich aus Pinot Noir erzeugt. So gut wie alle Crémants sind als „brut" etikettiert und werden mit bis zu 15 Gramm Restzucker abgefüllt. Eine gewisse Verbreitung haben zudem die Crémants „extra brut" ohne jedwede Dosage gefunden: Sie kommen auch als „Brut Zéro", „Wild Brut" oder „Sauvage" auf den Markt.

DIE ELSÄSSISCHEN TRAUBENSORTEN

Riesling

Die anspruchsvolle, spätreifende Sorte wächst in 22 Prozent der elsässischen Weinberge.

Gewürztraminer

Eine relativ frühreifende Sorte, die hohe Mostgewichte erbringt. Mit fast 18 Prozent die zweitwichtigste Traube im Elsaß.

Pinot Blanc

Weichere Weine als der Pinot Blanc (Klevner) liefert der Pinot Auxerrois. Zumeist werden beide Sorten, die zusammen fast 20 Prozent der elsässischen Rebfläche beanspruchen, assembliert.

Pinot Gris

Die auch als Tokay-Pinot Gris (Grauburgunder) bekannte Sorte belegt neun Prozent der Rebfläche.

Sylvaner

Eine oft unterschätzte Rebsorte. Sie verkraftet hohe Erträge, ergibt meist frische Alltagsweine, in seltenen Fällen auch Spitzengewächse.

Pinot Noir

Die einzige rote Traubensorte des Elsaß bedeckt fast neun Prozent der Rebfläche. Aus ihr werden sowohl süffige Rosés als auch konzentrierte, dunkle Rotweine hergestellt. Weißgekeltert ergibt sie den Crémant Blanc de Noirs.

Muscat

Der spätreifende Muscat à Petits Grains und der früher reifende Muscat-Ottonel verbergen sich hinter dem Oberbegriff Muscat. Beide Sorten beanspruchen bescheidene 2,4 Prozent der Rebfläche.

Die elsässischen Grands Crus

Von Norden nach Süden:

Steinklotz (Marlenheim)
Engelberg (Dahlenheim)
Altenberg (Bergbieten)
Altenberg (Wolxheim)
Bruderthal (Molsheim)
Kirchberg (Barr)
Zotzenberg (Mittelbergheim)
Kastelberg (Andlau)
Wiebelsberg (Andlau)
Moenchberg (Andlau, Eichhoffen)
Muenchberg (Nothalten)
Winzenberg (Blienschwiller)
Frankstein (Dambach-la-Ville)
Praelatenberg (Kintzheim, Orschwiller)
Gloeckelberg (Rodern, St-Hippolyte)
Altenberg (Bergheim)
Kanzlerberg (Bergheim)
Geisberg (Ribeauvillé)
Kirchberg (Ribeauvillé)
Osterberg (Ribeauvillé)
Rosacker (Hunawihr)
Froehn (Zellenberg)
Schoenenbourg (Riquewihr)
Sporen (Riquewihr)
Sonnenglanz (Beblenheim)
Mandelberg (Mittelwihr)
Marckrain (Bennwihr, Sigolsheim)
Mambourg (Sigolsheim)
Fürstentum (Kientzheim, Sigolsheim)
Schlossberg (Kaysersberg, Kientzheim)
Wineck-Schlossberg (Ammerschwihr, Katzenthal)
Sommerberg (Katzenthal, Niedermorschwihr)
Florimont (Ingersheim)
Brand (Turckheim)
Hengst (Wintzenheim)
Steingrübler (Wettolsheim)
Eichberg (Eguisheim)
Pfersigberg (Eguisheim)
Hatschbourg (Voegtlinshoffen, Hattstatt)
Goldert (Gueberschwihr)
Steinert (Pfaffenheim)
Vorbourg (Rouffach, Westhalten)
Zinnkoepflé (Soultzmatt, Westhalten)
Pfingstberg (Orschwihr)
Spiegel (Bergholtz, Guebwiller)
Kessler (Guebwiller)
Kitterlé (Guebwiller)
Saering (Guebwiller)
Ollwiller (Wuenheim)
Rangen (Thann)

Die Jahrgänge der elsässischen Weine

Eine einheitliche Jahrgangsbewertung ist im Elsaß schwieriger als in vielen anderen Regionen, denn zwischen den verschiedenen Rebsorten bestehen oft deutliche Unterschiede.

1998 Guter bis sehr guter Jahrgang.

1997 Sehr guter bis herausragender Jahrgang mit hohen Mostgewichten und großen Erträgen. Die Weine besitzen häufig natürliche Restsüße und werden durchweg früh trinkreif sein. Trotz geringer Botrytis (Edelfäule) zahlreiche Vendanges Tardives. Kraftvolle, dunkle Rotweine.

1996 Sehr guter Jahrgang. Säurebetonte, ausgesprochen lagerfähige Weine. Exzellente Pinot Gris, farbintensive Pinot Noirs, sehr gute Pinot Blancs und Sylvaner. Langlebige Rieslinge, einige gute Gewürztraminer und Muscat.

1995 Guter bis sehr guter Jahrgang. Qualitätsbewußte Winzer erzeugten große Weine (vor allem Riesling), andere hatten Probleme mit Fäulnis. Farbschwache Pinot Noirs.

1994 Sehr guter Jahrgang. Zahlreiche herausragende Gewürztraminer und Pinot Gris, vor allem in der Kategorie Vendanges Tardives und Sélection de Grains Nobles.

1993 Guter bis sehr guter Jahrgang. Lagerfähige Rieslinge, wenige edelsüße Weine.

1992 Guter bis sehr guter Jahrgang. Leichte, wäßrige Weine bei den weniger guten Winzern, überraschend gelungene Rieslinge oder Pinot Gris bei jenen Kollegen, die den Ertrag reduzierten.

1991 Guter Jahrgang. Leichte, schnell trinkreife Weine.

1990 Herausragender Jahrgang. Viele edelsüße Weine, die besten Rieslinge, Pinot Gris und Gewürztraminer sind sehr gut lagerfähig.

1989 Herausragender Jahrgang. Viel Botrytis sorgte für edelsüße Weine mit hohen Mostgewichten.

1988 Sehr guter Jahrgang. Lagerfähige Weine.

1987 Mittlerer Jahrgang.

1986 Mittlerer bis guter Jahrgang. Sehr lagerfähige Rieslinge.

1985 Sehr guter bis herausragender Jahrgang.

1984 Mittlerer bis guter Jahrgang.

1983 Herausragender Jahrgang. Sehr lagerfähige edelsüße Weine, exzellente Gewürztraminer.

1982 Mittlerer bis guter Jahrgang. Extrem hohe Erträge, schnell trinkreife Weine.

1981 Guter bis sehr guter Jahrgang.

1980 Kleiner Jahrgang.

1979 Guter bis sehr guter Jahrgang.

1978 Guter Jahrgang.

1977 Mittlerer Jahrgang.

1976 Herausragender Jahrgang. Viele edelsüße Weine.

1975 Sehr guter Jahrgang.

1974 Mittlerer Jahrgang.

1973 Guter bis sehr guter Jahrgang.

1972 Kleiner Jahrgang.

1971 Herausragender Jahrgang. Edelsüße Weine in rauhen Mengen, die besten stellen noch heute einen Genuß dar. Leider sind sie sehr schwer zu finden.

Ältere Jahrgänge dürften nur äußerst selten zu erwerben sein. Zu den großen Jahrgängen vor 1971 gehörten der lagerfähige 1969er Jahrgang, der gute 1964er, der reife 1961er und natürlich 1959, 1953, 1949, 1947 und 1945.

Die Weine und Winzer des Elsass

Jean-Baptiste Adam

5, Rue de l'Aigle, F-68770 Ammerschwihr
Tel. 0033/389782321, Fax 0033/389473591
Inhaber: Familie Adam

Wer erstklassige Weine vom Kaefferkopf erwerben will, kommt um dieses Traditionsgut nicht herum!

Die Spitzenweine

Riesling Kaefferkopf VV★★
Riesling Kaefferkopf★★
Gewürztraminer Kaefferkopf★★
Pinot Gris Cuvée Jean-Baptiste★
VT★★, SGN★★★ (Pinot Gris, Gewürztraminer)

Andere Weine

Kaefferkopf Cuvée Traditionelle★★, Riesling Letzenberg★, Riesling Réserve★, Muscat Réserve★, Pinot Gris Réserve★, Pinot Blanc★, Sylvaner★, Pinot Noir Fût de Chêne★, Pinot Noir Cuvée Jean-Baptiste★, Crémant★ u.a.

Weinbereitung

Ausbau in einer eindrucksvollen Batterie von Holzfässern sowie in Stahltanks.

Stil der Spitzenweine

Elegante, trockene Rieslinge und komplexe Pinot Gris sowie Gewürztraminer. Selbst im reifen Jahr 1997 entstanden Weine mit ausbalancierter Säure.

Qualität: ★★
Weinbergsfläche: 17,5 ha
Jährliche Abfüllung: 900.000
Preis ab Keller:
Spitzenweine: 3–6
andere Weine: 1–3

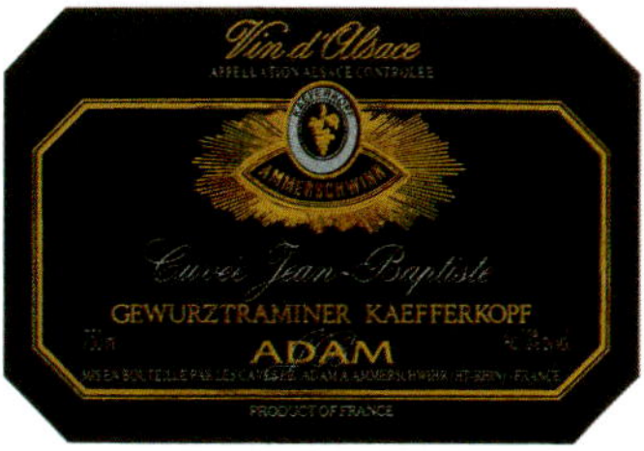

Dominierend im Export

1899 bereits lieferte das Handelshaus Jean-Baptiste Adam Weine nach Japan, und nach wie vor ist der Betrieb stark im Export engagiert. Doch die Historie reicht noch weiter: Bis zum Jahr 1614 kann die Familie Adam ihre Weinbautradition zurückverfolgen, der weitläufige Keller stammt ebenfalls aus dem 17. Jahrhundert. Berühmt ist das Haus vor allem für seine Rieslinge und Gewürztraminer vom legendären Kaefferkopf, aber auch der Pinot Gris namens Cuvée Jean-Baptiste hat in den letzten Jahren an Klasse zulegen können. Mit den beiden Spitzencuvées aus Pinot-Noir-Trauben errang man 1996 Achtungserfolge (tiefe Farbe und feine Noten nach roten Beeren), nicht weniger gelungen präsentieren sich die 97er.

Cuvée vom Kaefferkopf

Wie einige andere Kollegen in Ammerschwihr vermarktet auch das Haus Adam eine Cuvée im traditionellen Mischsatz – wie er sonst im Elsaß längst außer Mode gekommen ist. Riesling und Gewürztraminer werden gemeinsam geerntet und sind zu etwa gleichen Teilen in diesem interessanten, mildwürzigen Wein (Kaefferkopf Cuvée Traditionelle) enthalten, der mit herkömmlichem Edelzwicker nichts zu tun hat. Warum versuchen nicht mehr Winzer, die Vorteile der verschiedenen Rebsorten in einem Wein miteinander zu verbinden?

Lucien Albrecht

9, Grand' Rue, F-68500 Orschwihr
Tel. 0033/389769518, Fax 0033/389762022
Inhaber: Jean Albrecht

Eine bedeutende Handelstätigkeit hindert Jean Albrecht nicht daran, eine Vielzahl erstklassiger Weine zu erzeugen.

Die Spitzenweine

Riesling Cuvée „A"★★
Pinot Gris Cuvée „A"★★
Gewürztraminer Cuvée „A"★★
Auxerrois Cuvée „A"★★
Riesling Pfingstberg★★
Pinot Gris Pfingstberg★★
VT★★, SGN★★★ (Riesling, Pinot Gris, Gewürztraminer)

Andere Weine

Gewürztraminer Cuvée Martine★★, Riesling Clos Himmelreich★, Pinot Gris Cuvée Marie et Cécile★, Riesling Cuvée Henri★, Pinot Blanc Les Tilleuls★, Muscat★, Rouge★, Crémant Millésimé★★, Crémant Rosé★, Crémant Riesling★ u.a.

Weinbereitung

Ausbau in Stahl- oder Betontanks, zum Teil in Barriques. Die alten Holzfuder dienen nur der Dekoration. Jean Albrecht experimentiert mit modernen Vinifizierungsmethoden (Biologischer Säureabbau bei Weißwein).

Qualität: ★★
Weinbergsfläche: 30 ha
Jährliche Abfüllung: 350.000
Preis ab Keller:
Spitzenweine: 2–6
andere Weine: 1–3

Stil der Spitzenweine

Finessenreich, saftig, mit elegantem Säurespiel, in der Regel trocken. Barriqueweine besitzen bemerkenswerte Struktur, aber nie einen dominanten Holzton. Beachtenswert ausgeglichene Crémants sind eine weitere Stärke.

Erstaunliches Qualitätsniveau

Ach gäbe es doch mehr Winzer von der Sorte Jean Albrechts! Trotz rund 350.000 erzeugten Flaschen pro Jahr, trotz Verkaufsstellen in Straßburg und Nancy schafft er es, ein erstaunliches Qualitätsniveau zu halten. In den letzten Jahren konnte er die Güte seiner Spitzenweine sogar noch deutlich steigern: Die 1996 erstmals ausgebauten Cuvées „A", aus Erträgen von 30–35 hl/ha gewonnen, bestechen mit Finesse und Kraft, ohne übertrieben alkoholisch zu wirken. Albrecht hat den Wert des Auxerrois erkannt (die 96er Cuvée „A" besitzt eine cremige Nase und viel Potential), keltert sehr langsam mit pneumatischen Pressen, hat Klone aus seinen Weinbergen verbannt und praktiziert für die Spitzenweine regelmäßige Batonnage. Solches Engagement ist höchstes Lob wert!

Barrique und Strohwein

Man kann über den Sinn von Barriqueweinen zu Recht streiten. Sind die im kleinen Holzfaß und mit malolaktischer Gärung erzeugten Kreszenzen typisch elsässisch? Philosophie hin, Traditionspflege her – die ersten Faßproben von Jean Albrechts 97er Auxerrois und Pinot Gris aus dem Barrique besitzen bemerkenswerte Konzentration. Kommerzielle Bedeutung besitzen die äußerst geringen Mengen dieser Weine (bisher) nicht, ebensowenig wie der supersüße *vin de paille* (Strohwein), mit dem Albrecht neuerdings experimentiert. Was fällt dem dynamischen Winzer als nächstes ein?

Yves Amberg

19, Rue Fronholz, F-67680 Epfig
Tel. 0033/388855128, Fax 0033/388855271
Inhaber: Yves Amberg

Qualität: ★
Weinbergsfläche: 9 ha
Jährliche Abfüllung: 65.000
Preis ab Keller:
Spitzenweine: 2–4
andere Weine: 1–2

Kreative Winzer wie Yves Amberg sollte es im Elsaß öfter geben. Und so saftige, trockene Rieslinge ebenfalls!

Die Spitzenweine

Riesling VV★★
Riesling Vignoble d'Epfig★
VT★★, SGN★★ (Gewürztraminer, Pinot Gris)

Andere Weine

Pinot Gris★, Gewürztraminer★, Sylvaner Vignoble d'Epfig★, Pinot Blanc Vignoble d'Epfig★, Muscat★, Pinot Noir Rouge★, Crémant★, Crémant Rosé★ u.a.

Weinbereitung

Der Ausbau erfolgt in der Regel in Stahltanks, nur beim Pinot Noir werden Barriques eingesetzt.

Stil der Spitzenweine

Nur wenig mineralisch, mit offenen, pfirsich- und zitrusfruchtigen Aromen, saftig, leicht und trocken. Der Charakter der leichten, meist sandigen Böden findet sich im Wein wieder. Eine Ausnahme stellen natürlich die seltenen VT und SGN dar.

Winzer mit Ideen

Zugegeben – Ideen sind nicht alles. Aber was wäre der elsässische Weinbau ohne kreative Winzer wie Yves Amberg? Der gutgelaunte junge Mann, der 1988 das Epfiger Familiengut von Vater Roger übernahm, hat Einfälle und setzt sie gekonnt um. Wenn es das Wetter zuläßt, erntet er Trauben im gefrorenen Zustand und verkauft das Ergebnis bescheiden als Sélection de Grains Nobles (den andernorts verwendeten Begriff *vin de glace* meidet er). 1996 gelang ihm eine gewaltige Gewürztraminer SGN mit fast 190 Gramm Restzucker, doch seine großen Erfolge feiert Amberg bei den fruchtigen Rieslingen von leichten Sandböden. Weniger überzeugend wirkt der Rotwein aus dem neuen Holzfaß, allemal verkostenswert aber sind die Eaux-de-Vie, die Yves Amberg quasi nebenbei destilliert: Sein herrlich duftender Lebkuchenschnaps ist eine Reise wert.

Export nach Japan

Japans Weinfreunde haben schon seit langem ein Faible für elsässischen Wein. Wie viele seiner Kollegen war auch Yves Amberg schon höchstpersönlich in Tokio, um seine Rieslinge im Rahmen einer elsässischen Promotiontour vorzustellen. Auf die Preise hat sich die Nachfrage aus Übersee allerdings noch nicht ausgewirkt, noch sind auch für die vielen Privatkunden aus Frankreich und Deutschland genügend Flaschen zu angemessenen Tarifen vorrätig. Will man hier etwas bemängeln, dann vielleicht die arg traditionelle Flaschenausstattung.

Pierre Arnold

16, Rue de la Paix, F-67650 Dambach-la-Ville
Tel. 0033/388924170, Fax 0033/388926295
Inhaber: Pierre und Suzanne Arnold

Kompromißlos trockene Rieslinge von Granitböden – eine Spezialität des dynamischen Winzer-Ehepaares Pierre und Suzanne Arnold.

Die Spitzenweine

Riesling Frankstein★★
Gewürztraminer Frankstein★
VT★★, SGN★★ (Pinot Gris)

Andere Weine

Riesling Cuvée des 3 Epis d'Or★, Riesling Prestige★, Riesling★, Pinot Gris Prestige★, Gewürztraminer Prestige★, Sylvaner★, Pinot Auxerrois★, Muscat★, Rouge d'Alsace★, Crémant★

Weinbereitung

Gekühlte Gärung, der Ausbau erfolgt zumeist im Holzfaß, Lagerung auf der Feinhefe und späte Abfüllung.

Stil der Weine

Rieslingweine sind trocken, erdig, mineralisch und jung recht verschlossen – im Alter entwickeln sie zurückhaltende Petrolaromen. Gewürztraminer und Pinot Gris können etwas milder ausfallen, bleiben aber

Qualität: ★
Weinbergsfläche: 7 ha
Jährliche Abfüllung: 40.000
Preis ab Keller:
Spitzenweine: 2–6
andere Weine: 1–2

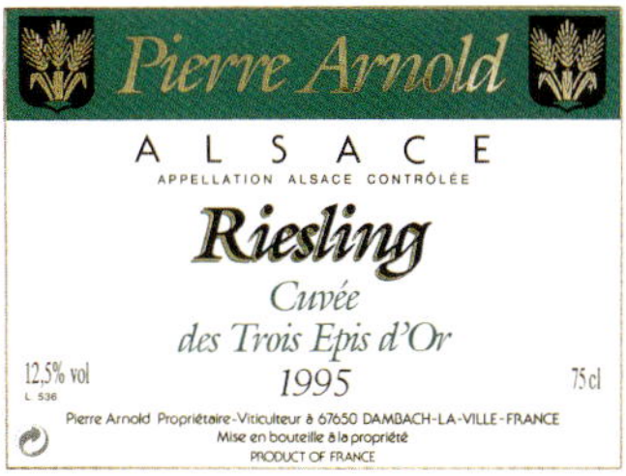

dennoch ausgesprochene *vins de repas* – Weine, die ein Essen optimal begleiten.

Ein dynamisches Paar

In Dambach ist die Konkurrenz groß. Nicht weniger als 60 selbstvermarktende Winzer zählt das unscheinbare Städtchen, an jeder Straßenecke werden Flaschen zum Verkauf angeboten. Mit ihrer qualitätsorientierten Arbeit (Handlese ist selbstverständlich, chaptalisiert wird selten) und den kompromißlos trockenen Rieslingen haben sich Pierre und Suzanne Arnold aber eine treue Kundschaft erarbeitet. Von den Granitböden des Grand Cru Frankstein gewinnen sie Weine mit markanter Säure, die viel Zeit benötigen: Der 96er Riesling Frankstein besitzt überdurchschnittliches Potential, der 93er öffnet sich erst allmählich. Wer die Arnoldschen Weine also im Keller vergißt, begeht keinen Fehler.

Für junge Weine die falsche Adresse

Manchmal, so berichtet die fröhliche Suzanne Arnold, die sich um den Verkauf kümmert, erschienen Kunden, die schon im Frühjahr nach dem letzten Jahrgang fragten. Doch da sind sie hier an der falschen Adresse! Auch nach der Flaschenfüllung werden die Weine noch lange nicht verkauft, sondern ruhen erst ein Weilchen im Keller. Die Grands Crus sind frühestens drei Jahre nach der Ernte erhältlich. Sollte ein Besucher auf jüngeren Weinen bestehen, werde er, so lächelt Madame Arnold, freundlich, aber bestimmt an den Nachbarn verwiesen.

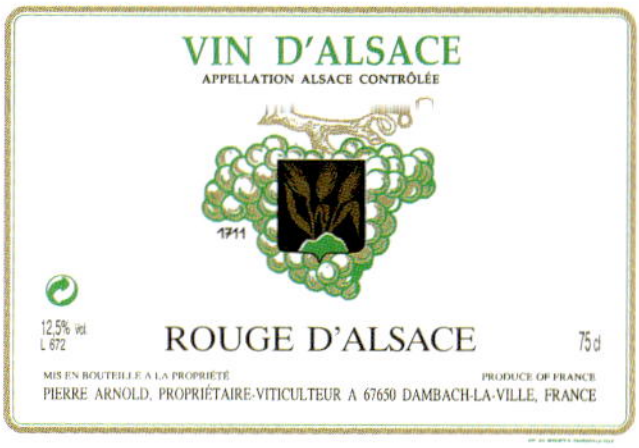

DOMAINE BARMÈS-BUECHER

23–30, Rue Sainte-Gertrude, F-68920 Wettolsheim
Tel. 0033/389806292, Fax 0033/389793080
Inhaber: François Barmès und Geneviève Buecher

Qualität: ★★★
Weinbergsfläche: 16 ha
Jährliche Abfüllung: 90.000
Preis ab Keller:
Spitzenweine: 3–6
andere Weine: 2–3

Sensationelle edelsüße Weine und gewaltige Pinot Noirs – François Barmès bietet eine Fülle an Überraschungen.

Die Spitzenweine

Gewürztraminer Hengst★★★
Gewürztraminer Pfersigberg★★★
Gewürztraminer Steingrübler★★★
Riesling Hengst★★★
Pinot Gris Rosenberg VV★★
Pinot Gris Rosenberg★★
VT★★★, SGN★★★ (Riesling, Pinot Gris, Gewürztraminer)
Pinot Noir VV★★

Andere Weine

Gewürztraminer Wintzenheim★★, Gewürztraminer Rosenberg★★, Chasselas VV★★, Sylvaner Rosenberg VV★★, Chardonnay★★, Pinot Gris Herrenweg★, Riesling Leimenthal★, Riesling Rosenberg★, Riesling Herrenweg★, Auxerrois★, Pinot Blanc Rosenberg★, Pinot Noir★, Cremant★★ u.a.

Weinbereitung

Vergärung mit traubeneigenen Hefen, Ausbau in Edelstahltanks oder Barriques, keine Schönung, teilweise Verzicht auf Filtrierung.

Stil der Spitzenweine

Mächtig, voll, mit üppigen Aromen und einer Spur Restsüße – Barmès' Gewürztraminer sind unverkennbar. Sofern sie nicht als Vendange Tardive oder Sélection de Grains Nobles ausgebaut werden, sind die Rieslinge und Pinot Gris trocken. Monumentale edelsüße Weine, dichter Pinot Noir mit satten Tanninen.

Winzer als späte Berufung

Eigentlich wollte der Winzersohn François Barmès gar nicht in die Fußstapfen des Vaters treten. Doch da begegnete ihm die junge Geneviève Buecher von der anderen Straßenseite, ebenfalls Sproß einer Winzerfamilie. Die beiden heirateten bald, übernahmen die elterlichen Reben, und François lernte im Schnelldurchgang das Wissenswerte der Weinbereitung. Im Keller greift der vor Begeisterung übersprudelnde Barmès nur auf Holz zurück, wenn es um Rotwein geht. Selbstverständlich praktiziert er die Ganztraubenpressung (was eine pikantere Säure hervorbringt) und lagert die Weine lange auf der Feinhefe. Noch mehr Komplexität bringt allerdings die Batonnage, das Aufrühren der Hefen im Tank.

Süßweine mit Potential

Es ist nicht leicht, die Spezialitäten von François Barmès zu nennen: Chasselas und Sylvaner gehören zu seinen Lieblingssorten, der reinsortige Chardonnay schrammt an den Bestimmungen des Weingesetzes entlang – die Sorte ist strenggenommen nur für Crémant zugelassen, was Monsieur Barmès aber wenig kümmert –, und seine deutlich botrytisgeprägten Süßweine sind ein Erlebnis. Im Jahr 1997 kelterte Barmès mangels Edelfäule nur eine einzige VT und unterscheidet sich damit von vielen Kollegen, die dank hoher Mostgewichte Spätlesen en masse auch ohne Botrytisbefall

ernten konnten. Aber die 94er sind in allen Kategorien sensationell ausgefallen, wobei Understatement getrost vorausgesetzt werden kann. Barmès überschreitet die vorgeschriebenen Mindestmostgewichte regelmäßig: Die Spätlesen sind in Wirklichkeit Beerenauslesen, die echten Sélection de Grains Nobles liegen fast immer deutlich über 150 Öchsle.

Rotwein hat Chancen im Elsaß!

Wer behauptet denn, das Elsaß sei keine geeignete Region für Pinot Noir? Natürlich gibt es diese Meinungen, und viele dünne Rotweine, mal mit, mal ohne Holzton, rechtfertigen leider die skeptische Auffassung. Doch was eine Handvoll von Spitzenerzeugern aus der Pinot-Noir-Rebe herauszuholen vermag, kann mit Burgundern durchaus konkurrieren. François Barmès und Geneviève Buecher sind verantwortlich für einen der interessantesten und mächtigsten Roten der Region. Geringe Erträge sind die erste Voraussetzung für langlebigen Pinot Noir. Einer fünftägigen Kaltmazerierung (Standzeit zur Verbesserung der Farb- und Aromenausbeute) schließt sich die dreiwöchige Maischegärung an. Das Tüpfelchen auf dem „i“ ist die bis zu einjährige Lagerung in teilweise neuen Vogesenbarriques (mächtiger 96er, noch vielversprechenderer 97er, jeweils mit dichtem Tannin und feinen Röstnoten, jedoch völlig ohne aufdringliche Holzaromen).

François Baur

3, Grand Rue, F-68230 Turckheim
Tel. 0033/389270662, Fax 0033/389274721
Inhaber: Pierre Baur

Das traditionsreiche Gut macht in jüngster Zeit mit konzentrierten Weinen auf sich aufmerksam.

Die Weine

Riesling Brand**, Gewürztraminer Brand*, Riesling Langehald*, Pinot Gris Herrenweg*, Gewürztraminer Langehald*, Cuvées Prestiges**, VT**, SGN**(Riesling, Pinot Gris, Gewürztraminer), Pinot Noir*, Crémant* u.a.

Stil und Ausbau der Weine

Mit dem trockenen, oft nach Mandarinen duftenden Riesling Brand gelingt Pierre Baur Jahr für Jahr ein Meisterstück. Der 96er steht dem exzellenten 95er kaum nach. Dezente Süße weisen Cuvées Prestiges (Fast-Spätlesen), VT und SGN auf – wie alle Weine im Holzfaß ausgebaut.

Sympathische Preise

1741 taucht der erste Baur in den Annalen von Turckheim auf. Ob er ein ähnlich sorgfältiger Winzer war? Die heutigen Baurs jedenfalls achten auf die Erträge, lesen per Hand, haben ihre günstigen Preise aber beibehalten.

Qualität: *
Weinbergsfläche: 11 ha
Jährliche Abfüllung: 80.000
Preis ab Keller: 1–5

Léon Baur

71, Rue du Rempart Nord, F-68420 Eguisheim
Tel. 0033/389417913, Fax 0033/389419372
Inhaber: Jean-Louis Baur

Ein aufstrebendes Weingut im traumhaft schönen Ortskern von Eguisheim.

Die Weine

Riesling Eichberg★★, Gewürztraminer Kaefferkopf★★, Gewürztraminer Pfersigberg★★, Riesling Cuvée Elisabeth Stumpf★, VT★★, SGN★★ (Gewürztraminer), Pinot Noir★ u.a.

Stil und Ausbau der Weine

In Holzfässern oder Stahltanks werden die extraktreichen Weine ausgebaut. Die praktisch trockene, bereits jung charmante und duftige Cuvée Elisabeth Stumpf oder der langsam reifende Eichberg – beide gehören zu den besten Rieslingen Eguisheims.

Ein malerisches Weingut

Auch in Ammerschwihr, im 1328 urkundlich erwähnten Kaefferkopf, besitzen die Baurs Reben. Ihr Gewürztraminer Kaefferkopf weist ein hervorragendes Preis-Leistungs-Verhältnis auf – wie alle Weine aus dem malerisch gelegenen Betrieb (mit ebenso malerischem Faßkeller).

Qualität: ★★
Weinbergsfläche: 10 ha
Jährliche Abfüllung: 100.000
Preis ab Keller: 2–6

Caves de Beblenheim

Au Château, F-68980 Beblenheim
Tel. 0033/389479002, Fax 0033/389478685
Winzergenossenschaft

Qualität: ★
Weinbergsfläche: 250 ha
Jährliche Abfüllung: 2 Mio.
Preis ab Keller: 1–6

Das Geheimnis hinter dem Erfolg der Genossenschaft? Vielleicht die moderne Kellertechnik...

Die Weine

Gewürztraminer Mandelberg*, Gewürztraminer Froehn*, Pinot Gris Sonnenglanz*, Riesling Schoenenbourg*, Riesling VV*, Gewürztraminer VV*, Muscat*, VT**, SGN** (Riesling, Pinot Gris, Gewürztraminer), Crémant Blanc de Noirs* u.a.

Stil und Ausbau der Weine

In den letzten Jahren haben sich die Investitionen in moderne Kellertechnik bezahlt gemacht, die qualitativen Fortschritte der Genossenschaftsweine sind nicht zu übersehen. Neben einer Reihe von zuverlässigen, eher schlanken Gewürztraminern erfreut auch der Crémant aus weißgekelterten Pinot-Noir-Trauben den Gaumen. Wer übrigens auf den Etiketten den Namen des Erzeugers sucht, muß genau hinschauen. Die 1952 gegründete Cave Vinicole verkauft ihre günstigen Weine unter den Handelsmarken Baron de Hoen und Heimberger.

JEAN-PIERRE BECHTOLD

49, Rue Principale, F-67310 Dahlenheim
Tel. 0033/388506657, Fax 0033/388506734
Inhaber: Jean-Marie Bechtold

Abseits des Weinstraßentrubels erzeugt Jean-Marie Bechtold eine Fülle guter Rieslinge, Pinot Gris und Gewürztraminer.

Qualität: ★
Weinbergsfläche: 19 ha
Jährliche Abfüllung: 65.000
Preis ab Keller:
Spitzenweine: 2–6
andere Weine: 1–2

Die Spitzenweine

Riesling Engelberg★★
Gewürztraminer Engelberg★★
Pinot Gris „E"★
Gewürztraminer
Cuvée Prestige★★
VT★★, SGN★★ (Riesling, Pinot Gris, Gewürztraminer)

Andere Weine

Riesling Clos Muenzberg★, Pinot Gris Cuvée Joseph★, Pinot Gris Barrique★, Pinot Blanc Barrique★, Muscat★, Klevner★, Pinot Noir Obere Hund★, Pinot Noir Barrique★, Crémant Chardonnay★ u.a.

Weinbereitung

Zu 70 Prozent erfolgt der Ausbau im Holzfaß; vergoren wird ohne Reinzuchthefen. Barriqueexperimente mit weißen und roten Burgundersorten.

Stil der Spitzenweine

Trockene, mineralische, dank komplexer Säure langlebige Rieslingweine. Gewürztraminer und

Pinot Gris vom Engelberg (letzterer stammt von jungen Reben und wird einstweilen nicht als Grand Cru, sondern nur als „E" verkauft) besitzen eine zurückhaltende Nase, einen häufig erdigen Duft und wenig Restzucker.

Wenig Süße für den Riesling

„Die Rieslinge sollten keine Restsüße enthalten", bekräftigt Jean-Marie Bechtold, der vom Vater die Verantwortung für das Gut übernommen hat, seinen Weinstil. Doch in manchen Jahren spielt das Wetter nicht mit. 1996 stoppte die Gärung des Grand Cru Engelberg bei 8 Gramm Restzucker, die sensorisch freilich nicht zu bemerken sind. Noch süßer (aber sehr vielversprechend!) ist der 97er Jahrgang ausgefallen – bis hinauf zur Sélection de Grains Nobles der Sorte Riesling, einem am 3. November gelesenen Traum von Wein.

Nicht zu spät lesen!

Das Geheimnis eines guten Weines? Spät, aber nicht zu spät ernten. Besonders deutlich wurde dieser Lehrsatz jedes wirklich guten Winzers beim überreifen 1997er Jahrgang. Bei den Bechtolds wurde früh gelesen, eine wunderbar herzhafte Säure blieb den Weinen erhalten. Weil viele Kunden es wünschen, experimentiert der junge Jean-Marie auch mit dem Barriqueausbau. Seine Begeisterung für diese Vinifizierungsmethode hält sich jedoch in Grenzen, und nicht alle so erzeugten Weine beeindrucken. Lobenswerter ist da schon Jean-Marie Bechtolds Plädoyer für integrierten Anbau, begrünte Rebzeilen und geringe Erträge: Im Jahr 1997 wurden beispielsweise 61 hl/ha geernet – erheblich weniger, als für elsässische Weine erlaubt ist. Solche Anstrengung zahlt sich aus.

Jean-Claude Beck

16, Rue Irma Mersiol, F-67650 Dambach-la-Ville
Tel. 0033/388924729, Fax 0033/388926118
Inhaber: Jean-Claude Beck

Qualität: ★★
Weinbergsfläche: 10 ha
Jährliche Abfüllung: 65.000
Preis ab Keller:
Spitzenweine: 4–5
andere Weine: 1–3

Erst 1985 übernahm der schnauzbärtige Seemann das alte Familiengut. Mit einfühlsamen Weinen erobert er die Herzen der Kenner.

Die Spitzenweine

Riesling Maude★★★
Riesling Frankstein★★
Muscat Frankstein★★
Pinot Gris Frankstein★★
Gewürztraminer VV Fronholz★★

Andere Weine

Riesling Tomi Ungerer★★, Riesling Lydia Jacob REW★★, Auxerrois★★, Pinot Gris★★, Gewürztraminer blues★★, Sylvaner Blue jeans★, Riesling Nuit Blanche★, Riesling Réserve★, Pinot Noir „b"★★, Pinot Noir★, Crémant★

Weinbereitung

Teilweise extrem lange Gärung mit traubeneigenen Hefen, Ausbau im Holzfaß und auf der Feinhefe bis zur Abfüllung.

Stil der Spitzenweine

Lang, komplex, mineralisch und nie übertrieben alkoholreich. Deutlich sind die Bodencharaktere in den regelmäßig trocke-

nen Weinen wiederzufinden. Enorm extraktreich, mit Aromen nach Pfirsichen, Aprikosen oder kandierten Früchten, präsentiert sich der Riesling Maude.

Von der See zum Weinberg

Jean-Claude Beck ist nicht den geraden Weg gegangen. Obwohl sich die Weinbaugeschichte seiner Familie bis zum Jahr 1579 zurückverfolgen läßt, hatte der junge Jean-Claude zunächst anderes im Kopf, als Trauben zu keltern. Jahrelang bereiste er als Seemann die Weltmeere, erst 1985 kehrte er nach Dambach zurück. Zusammen mit seiner Frau Martine erzeugt er nun ungewöhnliche Weine: Verzicht auf Chemie im Weinberg, radikal begrenzte Erträge (30 hl/ha für Grands Crus) und langsame Gärführung sind selbstverständlich, geschwefelt wird erst vor der Flaschenfüllung. Neben der Spitzencuvée Maude (benannt nach Jean-Claudes Tochter und von fast 50 Jahre alten Reben stammend) muß sich aber auch der charmante, fast über die Zunge tänzelnde Riesling Nuit Blanche von sandigen Böden nicht verstecken. Ebenso preisgünstig wie von kerniger Frische ist der Sylvaner; beim Gewürztraminer blues handelt es sich um einen fruchtigen, frühreifen Genuß, den man am liebsten umarmen möchte.

Künstleretiketten und blaue Flaschen

Nicht nur die Weine ragen weit über den elsässischen Standard hinaus, die eleganten Flaschen und Etiketten tun es auch. So ist der Riesling Lydia Jacob REW in der blauen Flasche den Künstlern Lydia Jacob und Raymond E. Waydelich gewidmet; für den nach ihm benannten Riesling (von Kalk-Ton-Böden) lieferte Maler Tomi Ungerer das Etikett mit erotischem Sujet. Ein großer Teil der im Verhältnis zur Qualität preiswerten Weine wandert nach Deutschland.

JEAN BECKER

4, Route d'Ostheim, F-68340 Zellenberg
Tel. 0033/389479016, 0033/389479957
Inhaber: Familie Becker

Für schlanke und häufig elegante Rieslinge und Gewürztraminer sind die Geschwister Becker immer gut.

Die Spitzenweine

Riesling Froehn★★
Muscat Froehn★★
Gewürztraminer Froehn★★
Gewürztraminer Sonnenglanz★★
Pinot Gris Rimelsberg★★
VT★★, SGN★★★ (Pinot Gris, Gewürztraminer, Muscat)
Rouge d'Alsace „F"★★

Andere Weine

Riesling Lerchenberg VV★★, Gewürztraminer Rimelsberg★★, Riesling Hagenschlauf★, Sylvaner „F" VV★, Chasselas VV★, Pinot Blanc★, Pinot Gris Tradition★, Muscat Tradition★, Riesling Tradition★, Pinot Noir Tradition★, Crémant★ u.a.

Weinbereitung

In Holzfässern oder Stahltanks, Vergärung in der Regel mit Reinzuchthefen, Abfüllung zwischen Sommer und September. Der Spitzenrotwein „F" stammt von der Grand-Cru-Lage Froehn und lagert in Barriques.

Qualität: ★★
Weinbergsfläche: 18 ha
Jährliche Abfüllung: 300.000
Preis ab Keller:
Spitzenweine: 2–6
andere Weine: 1–2

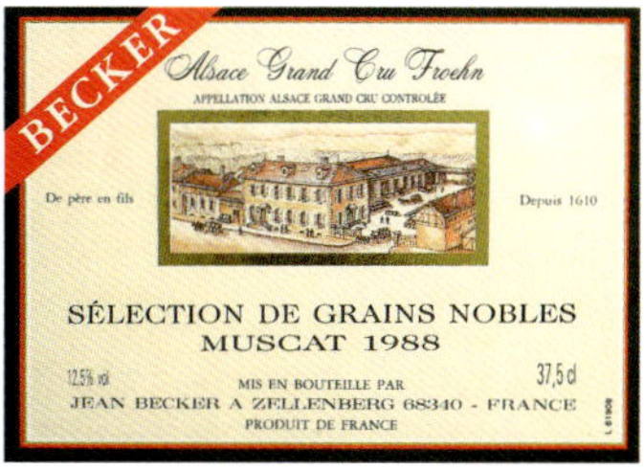

Stil der Spitzenweine

Hauptsache schlank. Das trifft auf die meist trockenen Rieslinge ebenso zu wie auf die dezent süßen Pinot Gris (Geheimtip: die nicht klassifizierte Lage Rimelsberg) und rosenduftigen Gewürztraminer.

Eine Weinbaufamilie

Geschwisterlich haben die Beckers die Arbeit unter sich aufgeteilt. Martine Becker, die eloquente und mehrsprachige Managerin, kümmert sich um Verkauf und Repräsentation (und reist auch gern nach Japan, wo das seit 1610 existierende Weingut so manche Flasche verkauft), Bruder François ist in erster Linie für die Arbeit im Weinberg zuständig. Fehlt noch der zweite Bruder, der Önologe Jean-Philippe. Er verantwortet neben der Vinifikation der Weine auch – quasi nebenbei – eine verblüffende Vielfalt an kenntnisreich destillierten Eaux-de-Vie.

Sylvaner und Chasselas

Jean-Philippe Becker hat nicht nur ein Herz für die sogenannten edlen Traubensorten wie Riesling, Pinot Gris oder Gewürztraminer, er keltert auch aus Sylvaner oder Chasselas Erstaunliches. Gerade der Chasselas (Gutedel), Ende des letzten Jahrhunderts noch eine der wichtigsten Sorten der Region, ist heute aus den elsässischen Weinbergen fast verschwunden. Zu Unrecht möchte man meinen, verkostet man den hier hergestellten Chasselas Vieilles Vignes, stets trocken und spritzig, der mit erstaunlichem Charakter beeindruckt; der Sylvaner „F“ (vom Grand Cru Froehn) steht dem nicht nach.

Bernhard & Reibel

20, Rue de Lorraine, F-67730 Châtenois
Tel. 0033/388820421, Fax 0033/388825965
Inhaber: Cécile Bernhard-Reibel

Qualität: ★
Weinbergsfläche: 12 ha
Jährliche Abfüllung: 80.000
Preis ab Keller:
Spitzenweine: 2–6
andere Weine: 1–2

Cécile Bernhard-Reibel ist eine selbstbewußte Winzerin, die mit Verve über ihre markanten Rieslinge plaudert.

Die Spitzenweine

Riesling Weingarten★★
Pinot Gris Weingarten★
Gewürztraminer Cuvée Salomé★
VT★★, SGN★★ (Pinot Gris, Gewürztraminer)

Andere Weine

Riesling Rittersberg★★, Riesling Meisenberg★, Pinot Gris Hahnenberg★, Gewürztraminer Hahnenberg★, Sylvaner★, Pinot Blanc★, Riesling★, Pinot Noir Fût de Chêne★, Pinot Noir★, Crémant★ u.a.

Weinbereitung

Ausbau in Stahltanks, ein Teil des Pinot Noir lagert in Barriques; temperaturkontrollierte Gärung.

Stil der Spitzenweine

Schlank, frisch, mineralisch. Pinot Gris und Gewürztraminer besitzen eine leichte Süße (häufig um die 10 Gramm, die Cuvée Salomé, VT und SGN erheblich mehr); alle anderen Weine sind trocken.

Eine Selfmadefrau

1981 begann Cécile Bernhard-Reibel aus dem Winzerdorf Châtenois mit dem Aufbau eines Weingutes. Eine aufsehenerregende Angelegenheit im traditionsgeprägten elsässischen Weinbau! Céciles Mann arbeitete in der Industrie, sie selbst war keine gelernte Winzerin. Also belegte die Selfmadefrau Önologiekurse, pflanzte Reben, erwarb Pressen und Stahltanks – und legte los. Und zwar ausschließlich qualitätsorientiert: Die Erträge werden begrenzt, die schonende Ganztraubenpressung ist Standard. Aus verzeihbaren Anfängerfehlern lernend, erwarb sich die ebenso charmante wie engagierte Weinmacherin eine überwiegend französische Stammkundschaft. Und mit den Söhnen Éric und Pierre steht schon die weinbegeisterte nächste Generation in den Startlöchern.

Granithaltige Böden

Châtenois zählt zu jenen Orten, die bei der Grand-Cru-Klassifizierung Pech hatten: Kein Weinberg erhielt den begehrten Titel. Was aber nicht bedeutet, daß die Rebhänge nichts taugen würden. Sowohl der Riesling als auch der Pinot Gris, die aus dem granithaltigen Weingarten (der einst den Straßburger Bischöfen gehörte) gewonnen werden, überzeugen mit mineralischer Frische und Komplexität – der 96er Jahrgang noch mehr als der 95er. Auch die 50 Jahre alten Reben des Rittersberg sind allemal für überdurchschnittliche Rieslinge gut. 1997 gelangen überzeugende Weine von allen Lagen. Beim Crémant hat Madame Bernhard-Reibel leider nicht immer ein so glückliches Händchen: Der 94er wirkt unnötig grob und ermüdend, man vermißt Frische und Esprit.

Léon Beyer

2, Rue de la 1ère Armée, F-68420 Eguisheim
Tel. 0033/389414105, Fax 0033/389239363
Inhaber: Léon und Marc Beyer

Unverdrossen halten Léon und Marc Beyer an ihrem trockenen Weinstil fest. Solche Konsequenz ist zu bewundern.

Die Spitzenweine

Gewürztraminer
Comtes d'Eguisheim★★
Riesling Comtes d'Eguisheim★★
Riesling Les Ecaillers★★
Pinot Gris Comtes d'Eguisheim★★
VT★★, SGN★★ (Riesling, Pinot Gris, Gewürztraminer)

Andere Weine

Muscat Réserve★, Riesling Réserve★, Gewürztraminer Réserve★, Pinot Blanc de Blancs★, Cuvée Léon Beyer★, Sylvaner★, Blason d'Alsace★, Rouge d'Alsace★, Crémant★ u.a.

Weinbereitung

Lagerung in Holzfässern und Tanks, keine Verwendung von Barriques.

Stil der Spitzenweine

Kompromißlos trocken, mineralisch, in reifen Jahren mit beträchtlichem Alkoholgehalt. Filigrane Eleganz ist nicht die Sache der Beyers.

Qualität: ★★
Weinbergsfläche: 20 ha
Jährliche Abfüllung: 750.000
Preis ab Keller:
Spitzenweine: 4–6
andere Weine: 2–4

Ein historisches Weingut

Zusammen mit den Familien Trimbach und Hugel bilden die Beyers das legendäre Triumvirat des elsässischen Weinbaus. Das Gut in Eguisheim wurde 1867 gegründet, aber die Weinbaugeschichte der Familie läßt sich bis ins Jahr 1580 zurückverfolgen, ins Goldene Zeitalter des Elsaß. Noch heute kann es sich kaum ein Dreisternerestaurant in Frankreich erlauben, auf die Beyer-Spitzencuvées Comtes d'Eguisheim oder Les Ecaillers (nur Riesling) zu verzichten. Und in der Tat passen die mineralischen Weine ohne modische Restzuckerwerte perfekt zum Essen. Doch die Nachteile dieses Stils sind nicht zu übersehen: Pinot Gris oder Gewürztraminer wirken manchmal fast brandig, streng und uncharmant – woran oft nicht mal jahrelange Reife etwas ändern kann. 1990 aber gelangen hier grandiose Gewächse, denen noch viel Zukunft beschieden ist. Ebenfalls überzeugend ausgefallen sind die Beyerschen Weine der Jahre 1994 und 1996, 1995 war die Qualität dagegen uneinheitlicher.

Markenname statt Grand Cru

In den sechziger Jahren studierte Marc Beyer im pfälzischen Geisenheim Weinbau, seit 1970 ist er im Betrieb engagiert und entlastet nach und nach seinen Vater Léon (den langjährigen Bürgermeister von Eguisheim). Zusammen mit dem eigenen Sohn Yann und Kellermeister Éric Schueller verfolgt Marc den traditionellen Weg der Weinbereitung, verzichtet völlig auf Barrique-Experimente und die Angabe von Namen für Grand-Cru-Lagen: Der Name Beyer spricht für sich. Solche Konsequenz ist bewundernswert.

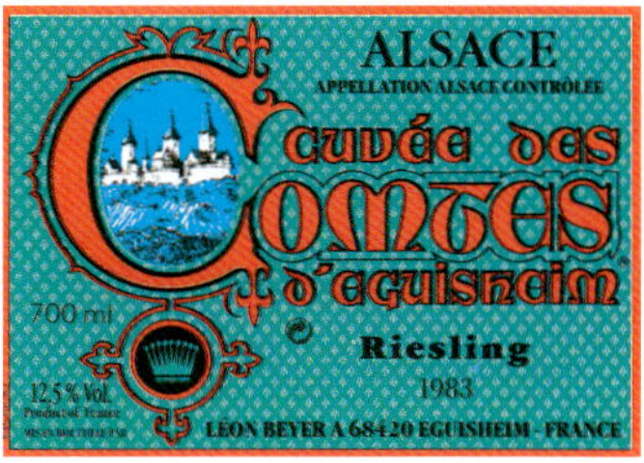

Domaine Paul Blanck

32, Grand' Rue, F-68240 Kientzheim
Tel. 0033/389782356, Fax 0033/389471645
Inhaber: Familie Blanck

Qualität: ★★★
Weinbergsfläche: 35 ha
Jährliche Abfüllung: 220.000
Preis ab Keller:
Spitzenweine: 4–6
andere Weine: 1–3

Im Laufe der letzten beiden Jahrzehnte hat sich der Kientzheimer Betrieb zu einem der führenden Weingüter des Elsaß emporgearbeitet.

Die Spitzenweine

Riesling Schlossberg VV★★★
Riesling Fürstentum VV★★★
Gewürztraminer
Fürstentum VV★★★
Riesling Schlossberg★★★
Riesling Fürstentum★★★
Pinot Gris Fürstentum★★★
VT★★★, SGN★★★ (Riesling, Pinot Gris, Gewürztraminer)
Pinot Noir „F"★★★

Andere Weine

Gewürztraminer Mambourg★★, Gewürztraminer Altenbourg★★, Pinot Gris Patergarten★★, Riesling Patergarten★★, Riesling Rosenbourg★★, Auxerrois VV★★, Sylvaner VV★, Pinot Blanc★, Riesling★, Muscat★, Pinot Gris★, Chasselas★, Pinot Noir★, Crémant★★ u.a.

Weinbereitung

Ausbau ausschließlich in Stahltanks oder – wie der Pinot Noir – in Barriques. Vergärung bei kontrollierter Temperatur.

Stil der Spitzenweine

Aus reifem, teilweise überreifem Lesegut werden die Spitzenweine gewonnen: Vor allem die großen Rieslinge duften jung nach kandierten Zitronen- oder Grapefruitschalen, sind rassig, äußerst komplex und fast immer trocken. Der tanninreiche Pinot Noir „F“ gehört zu den wenigen wirklich großen Rotweinen im Elsaß.

Ein Familienimperium

Als Paul Blanck die Domaine im Jahr 1923 übernahm, war ihr Ruhm noch lange nicht in alle Welt vorgedrungen. Heute aber haben Pauls Söhne Marcel und Bernard sowie deren Kinder Philippe und Frédéric das stark erweiterte Gut im Bewußtsein der Weinkenner verankert. Der schweigsame Frédéric kümmert sich um Keller und Weinberg, Philippe sorgt sich um den Verkauf der Weine und mischt sich nicht in das Arbeitsfeld seines Cousins ein. „Den Künstlern muß man Freiraum geben“, lacht er. Freiraum für Weine, die zu den zuverlässigsten im Elsaß zählen. Ganz egal, ob man vom vermeintlich simplen Chasselas kostet oder den mineralischen Sylvaner Vieilles Vignes probiert – Enttäuschungen sind ausgeschlossen.

Sowenig Eingriffe wie möglich

Ein guter Wein braucht Zeit – das ist die vielleicht wichtigste Maxime der Blancks. Und so bleiben die Grands Crus bis zum September auf den Feinhefen und lagern nach der Abfüllung noch mindestens zwei Jahre in der Flasche, bevor sie in den Verkauf kommen. Sehr viel Zeit benötigen natürlich auch die großen edelsüßen Weine. Daß die Blancks für solche Nektare ein Händchen haben, wurde spätestens bei der Riesling-Olympiade der Zeitschrift *Gault-Millau Magazine* im Jahr 1995 deutlich. Es siegte eine 89er SGN mit Honigton und Aromen von kandierten Früchten (die Potential für Jahrzehnte besitzt!) vor den großen deutschen Trockenbeerenauslesen. Und auch in den Folgejahren (vor allem 1994) gelang hier im Süßweinbereich Erstklassiges.

EMILE BOECKEL

2, Rue de la Montagne, F-67140 Mittelbergheim
Tel. 0033/388089191, Fax 0033/388089188
Inhaber: Familie Boeckel

Qualität: ★
Weinbergsfläche: 20 ha
Jährliche Abfüllung: 380.000
Preis ab Keller: 1–6

Was wäre das Elsaß ohne Winzer wie die Boeckels? Im letzten Jahrhundert zählten sie zu den Pionieren der Flaschenfüllung.

Die Weine

Riesling Zotzenberg*, Riesling Wiebelsberg*, Gewürztraminer Zotzenberg*, Pinot Gris Zotzenberg*, Sylvaner Mittelbergheim*, VT**, SGN**, Pinot Noir Barrique*, Crémant Chardonnay* u.a.

Stil und Ausbau der Weine

Die Rieslingweine sind in der Regel schlank und trocken: Ein durchweg guter Riesling Grand Cru kommt vom Zotzenberg. Die Standard-Cuvées begeistern leider nicht immer. In letzter Zeit haben die Crémants Achtungserfolge erringen können.

Export in alle Welt

Mit seiner günstigen Preisgestaltung hat das Haus Boeckel Erfolg im Export, 70 Prozent der Produktion wandern ins Ausland. Und das schon seit vielen Jahrzehnten, schließlich gehörte man Ende des 19. Jahrhunderts zu den elsässischen Pionieren der Flaschenabfüllung.

LÉON BOESCH

4, Rue du Bois, F-68570 Soultzmatt
Tel. 0033/389470183, Fax 0033/389476495
Inhaber: Colette und Gérard Boesch

Qualität: ★★
Weinbergsfläche: 10,5 ha
Jährliche Abfüllung: 90.000
Preis ab Keller:
Spitzenweine: 3–6
andere Weine: 1–2

Konzentrierte Rieslinge sind nicht der einzige Trumpf des jungen Gérard Boesch – selbst der Edelzwicker hat in diesem Betrieb Klasse.

Die Spitzenweine

Riesling Zinnkoepflé★★
Pinot Gris Zinnkoepflé★★
Gewürztraminer Zinnkoepflé★★
VT★★★, SGN★★★ (Riesling, Gewürztraminer)

Andere Weine

Vallée Noble★★, Riesling Vallée Noble★, Muscat★, Pinot Gris★, Gewürztraminer★, Pinot Blanc★, Sylvaner★, Edelzwicker★, Vallée Noble Rouge★★, Crémant★★ u.a.

Weinbereitung

Vergärung ohne Verwendung von Reinzuchthefen, Ausbau zumeist in Holzfässern.

Stil der Spitzenweine

Konzentrierte, finessenreiche Weine von unnachahmlicher Eleganz. Nur sehr selten behalten die Spitzenweine etwas Restsüße, die Rieslinge duften schon in ihrer Jugend verführerisch nach Mandarinenschalen.

Aufsteiger mit Plänen

Im südelsässischen Vallée Noble mit seinem fast mediterranen Klima könnte man es sich einfach machen. Doch Gérard Boesch begnügt sich, unterstützt von seiner charmanten Frau Colette und Sohn Matthieu, nicht mit der Erzeugung kraftvoller, extraktreicher Weine, denn Eleganz geht ihm über alles. Von den sandigen und kalkigen Lehmböden des Zinnkoepflé kommen seine Spitzengewächse, schonend gekeltert mit pneumatischen Pressen. Sowenig Kellerbehandlung wie möglich ist das Motto der Boeschs, die auch mit biodynamischen Methoden experimentieren.

Eine alte Tradition – der *vin de paille*

Fast in Vergessenheit geraten ist der *vin de paille*, der bis zur Mitte dieses Jahrhunderts im Elsaß noch vielfach erzeugt wurde. In der letzten Zeit haben einige engagierte Winzer den Strohwein wiederbelebt. Gérard Boesch hängte 1997 einige hundert Kilogramm Gewürztraminertrauben über Drähte und breitete sie auf Strohmatten aus, denn die Beeren sollten einen Teil ihres Wassergehaltes verlieren. Ob jemals etwas von dieser nektarähnlichen Flüssigkeit in den Handel kommen wird? Auch mit dem Barrique aus Neverseiche experimentiert man hier, erzeugt einen bemerkenswerten Pinot Noir (Vallée Noble Rouge) sowie die Weißweincuvée Vallée Noble (mit einem Rieslinganteil, dessen genaue Zusammensetzung geheim ist!). Der exzellente 1995er Crémant verführt mit karameliger, nussiger Nase.

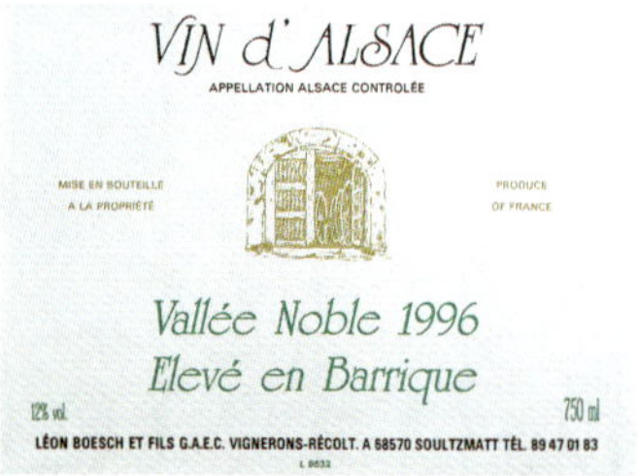

Bott Frères

13, Avenue du Général de Gaulle, F-68150 Ribeauvillé
Tel. 0033/389732250, Fax 0033/389732259
Inhaber: Nicole und Laurent Bott

Aromen von Zitrusschalen und kandierten Früchten sind typisch für Laurent Botts Rieslinge: nicht nur als Aperitif ein Genuß!

Qualität: ★
Weinbergsfläche: 15 ha
Jährliche Abfüllung: 180.000
Preis ab Keller:
Spitzenweine: 3–4
andere Weine: 2–3

Die Spitzenweine

Riesling Réserve Personnelle★★
Riesling Osterberg★★
Pinot Gris Réserve Personnelle★
VT★★

Andere Weine

Gewürztraminer Réserve Personnelle★, Riesling Cuvée Exceptionnelle★, Pinot Gris Cuvée Exceptionnelle★, Sylvaner★, Pinot Blanc★, Pinot Noir★, Crémant★, Crémant Rosé★ u.a.

Weinbereitung

Ausbau in Holzfässern oder Stahltanks. Nach der Gärung reifen die Weine noch fünf bis sechs Monate bis zur Abfüllung.

Stil der Spitzenweine

Mit offenen Aromen nach Zitronen, Mandarinenschalen und kandierten Früchten präsentieren sich die Rieslingweine. Die häufig vorhandene geringe Restsüße ist nach einigen Jahren

Flaschenreife kaum mehr zu schmecken (komplexer 1994er Réserve Personnelle).

Nicht jedes Jahr Grand Cru

Nur in guten Jahrgängen (etwa 1993) wird der Riesling als Grand Cru Osterberg verkauft, in den nicht ganz so herausragenden firmiert er schlicht und einfach unter der Bezeichnung Réserve Personnelle. Immer jedoch behält er jene Nuance an Restzucker, die ihn nicht wirklich süß, aber doch pikant, würzig und charmant erscheinen läßt (Fans von vollkommen trockenen Rieslingen sollten anderswo kaufen). Laurent Botts Kennzeichnungsmethode ist nicht leicht verständlich, der klingende Begriff Cuvée Exceptionnelle bezeichnet nur die nächstniedrigere Kategorie von Weinen (nach Réserve Personnelle und vor Réserve). Zuverlässigkeit ist ihnen aber ebenso zu bescheinigen wie dem frischen Sylvaner – den recht hohen Hektarerträgen zum Trotz.

An der elsässischen Hauptstraße

Die Botts haben einen nicht zu überschätzenden Standortvorteil. Ihr Weingut, dessen Gebäude und Keller aus der Mitte des 18. Jahrhunderts stammen, liegt an der Ausfallstraße von Ribeauvillé nach Riquewihr. Wohl nirgendwo sonst kommen vom Sommer bis zum Herbst so viele Touristen vorüber. Doch die Botts machen es sich nicht leicht, ihre Weine ragen deutlich über die elsässische Durchschnittsqualität hinaus. Nicht wenige wurden mit dem begehrten Siegel der Confrérie de Saint-Étienne ausgezeichnet.

BOTT-GEYL

1, Rue du Petit Château, F-68980 Beblenheim
Tel. 0033/389479004, Fax 0033/389479733
Inhaber: Jean-Christophe Bott

Qualität: ★★★
Weinbergsfläche: 13 ha
Jährliche Abfüllung: 100.000
Preis ab Keller:
Spitzenweine: 3–6
andere Weine: 2–3

Vielen gilt er als der neue Superstar des Elsaß. Wahr ist: In kürzester Zeit hat sich Jean-Christophe Bott mit konzentrierten Weinen einen Namen gemacht.

Die Spitzenweine

Gewürztraminer
Sonnenglanz VV★★★
Gewürztraminer Fürstentum★★★
Pinot Gris Sonnenglanz★★★
Riesling Schoenenbourg★★
Riesling Mandelberg★★
Muscat Schoenenbourg★★
VT★★★, SGN★★★ (Riesling, Pinot Gris, Gewürztraminer)

Andere Weine

Riesling Grafenreben★★, Pinot Gris Schloesselreben★★, Gewürztraminer Schloesselreben★★, Riesling Burgreben★★, Riesling Riquewihr★, Pinot Gris Beblenheim★, Gewürztraminer★, Sylvaner★, Pinot Blanc★, Pinot Noir Beblenheim★, Crémant★ u.a.

Weinbereitung

Langsame Gärung mit traubeneigenen Hefen, der Ausbau erfolgt in Holzfässern oder Stahltanks, Lagerung auf der Feinhefe bis zur Abfüllung Anfang September.

Stil der Spitzenweine

Die Spitzenweine behalten häufig ein paar Gramm Restzucker, was bei ihrer enormen Komplexität nur selten zu schmecken ist – fast immer wirken die Bottschen Kreszenzen trocken. Reichhaltige Rieslinge, extraktreiche, mineralisch strukturierte Gewürztraminer mit Honig- und Rosenaromen.

Revolution im Weingut

Im Jahr 1990 übernahm Jean-Christophe Bott das elterliche Weingut in Beblenheim, im Jahr darauf brach er zu einem Praktikum nach Australien auf. Auch im südafrikanischen Weinbau oder beim burgundischen Kollegen Comte Lafon sammelte er Erfahrungen. Zurückgekehrt ins Elsaß, führte er die langsame Ganztraubenpressung ein und reduzierte die Erträge: In den Grand-Cru-Lagen werden lediglich 35 bis 40 Hektoliter pro Hektar geerntet. Und zwar ausschließlich in 50-Kilogramm-Behältern, um die Trauben nicht zu verletzen. Das Ergebnis zeigt sich vor allem in den Gewürztraminern und Pinot Gris der Kalkmergellage Sonnenglanz: Die 1994er sind hervorragend gelungen, die 1996er ausgesprochen langlebig, und 1997 wurden reichlich Vendanges Tardives in die Kelter geschaufelt – allen voran eine gewaltige, aber finessenreiche Gewürztraminer Sonnenglanz VT.

Erfolg in Nordamerika

Auf dem amerikanischen Weinmarkt ist Jean-Christophe Bott schneller zu Ruhm gelangt als in Europa. Ein Erfolg, dessen Ursache in den durchweg gelungenen Weinen liegt, der aber durch die begeisterten Kritiken des Weinjournalisten Robert Parker unterstützt wurde. Da verwundert es nicht, daß die Preise ein wenig über dem elsässischen Durchschnitt liegen: Unter den Weinen mit Dorfbezeichnung (Beblenheim) oder aus unklassifizierten Lagen (Schloesselreben) finden sich aber noch immer Schnäppchen.

Maison Ernest Burn

8, Rue Basse, F-68420 Gueberschwihr
Tel. 0033/389492068, Fax 0033/389492856
Inhaber: Joseph und Francis Burn

Qualität: ★★
Weinbergsfläche: 9 ha
Jährliche Abfüllung: 60.000
Preis ab Keller:
Spitzenweine: 3–6
andere Weine: 2–3

Die saftigen, wahrlich üppigen Gewürztraminer und Pinot Gris sind unvergeßlich, aber auch der Muscat ist zu Recht berühmt.

Die Spitzenweine

Gewürztraminer
Clos Saint-Imer Chapelle★★★
Pinot Gris
Clos Saint-Imer Chapelle★★★
Riesling
Clos Saint-Imer Chapelle★★
Gewürztraminer
Clos Saint-Imer★★
Muscat Clos Saint-Imer★★
VT★★★, SGN★★★ (Muscat, Riesling, Pinot Gris, Gewürztraminer)

Andere Weine

Riesling Clos Saint-Imer★★, Pinot Gris★, Riesling★, Pinot Blanc★, Pinot Noir★, Pinot Noir Clos Saint-Imer★

Weinbereitung

Der Ausbau findet ausschließlich im Holzfaß statt.

Stil der Spitzenweine

Würzig, üppig, saftig und in der Jugend von einer Prise CO_2

beherrscht. Die Weine aus der Parzelle La Chapelle (in der weißen Flasche) sind im allgemeinen eine Spur süßer und noch komplexer als die bloß als Clos Saint-Imer bezeichneten. Schon jung verführerisch, altern sie ausgesprochen gut.

Gleichgewicht zwischen Süße und Alkohol

Als Ernest Burn im Jahr 1934 begann, sich um die Reben des Familiengutes zu kümmern, kannten nur wenige Weinfreunde seinen Namen. Heute hat sich das fundamental geändert: Mit ihrem einzigartigen Stil haben sich Ernests Söhne Joseph und Francis in aller Welt einen exzellenten Ruf verschafft. Viele Privatkunden finden den Weg ins zauberhafte Dörfchen Gueberschwihr, bewundern den alten Weinkeller mit seinen Säulen, in dem Wagner-Melodien erklingen, oder das Türportal aus der Renaissance. Und den komplexen Muscat, eine Assemblage aus Muscat à Petits Grains und Muscat-Ottonel. Nicht nur die 1995er Muscat VT – Muscat-Spätlesen sind eine gefragte elsässische Rarität – besitzt ein bewundernswertes Gleichgewicht zwischen Süße, Alkohol und saftiger Säure.

Gueberschwihrs beste Lage

Nicht mehr als 30 Hektoliter ernten die Brüder Burn in der Parzelle La Chapelle, der Spitzenlage des Gutes. Aber auch im Clos Saint-Imer – seinerseits ein gut exponierter Teil des Grand Cru Goldert – liefern die alten Reben nur wenig mehr Ertrag. Der Name des heiligen Imerius wurde, so belegen alte Schriften, schon 1345 mit den besten Weinlagen von Gueberschwihr in Verbindung gebracht. Noch älteren Ursprungs ist der Begriff Goldert, der auf die goldene Farbe der hier geernteten Weine hinweist. Es ist keine Übertreibung: Die großen Traminer aus dem Hause Burn schimmern tatsächlich in allen denkbaren Goldschattierungen.

Joseph Cattin

18, Rue Roger Frémaux, F-68420 Voegtlinshoffen
Tel. 0033/389493021, Fax 0033/389492602
Inhaber: Jacques und Jean-Marie Cattin

Erstaunlich komplex und durchweg trocken – so präsentieren sich die Weine vom Grand Cru Hatschbourg.

Die Weine

Riesling Hatschbourg★, Pinot Gris Hatschbourg★, Gewürztraminer Hatschbourg★, Muscat Hatschbourg★, Riesling VV★, Muscat★, Pinot Blanc★, Rouge d'Alsace★ u.a.

Stil und Ausbau der Weine

Zum größten Teil erfolgt der Ausbau der Cattinschen Erzeugnisse in Holzfässern. Fast alle Weine dieses *négociant* mit beachtlicher eigener Rebfläche werden trocken ausgebaut. Riesling und Muscat vom Grand Cru Hatschbourg besitzen erstaunliche Komplexität; eine sichere Bank sind in der Regel auch die mit Goldmedaillen ausgezeichneten Cuvées. Und das sind gar nicht mal wenige, die Cattins heimsen Jahr für Jahr eine Fülle an (symbolischem) Edelmetall ein. Leider wirken einige Sorten der Basislinie, die nur unter Rebsortennamen verkauft wird, zu hoch chaptalisiert.

Qualität: ★
Weinbergsfläche: 37 ha
Jährliche Abfüllung: 500.000
Preis ab Keller: 1–3

Cave Vinicole de Cleebourg

Route du Vin, F-67160 Cleebourg
Tel. 0033/388945033, Fax 0033/388945219
Winzergenossenschaft

Qualität: ★
Weinbergsfläche: 165 ha
Jährliche Abfüllung: 1,6 Mio.
Preis ab Keller: 1–3

Auf Grands Crus muß die Genossenschaft im elsässischen Norden verzichten – doch dieses Manko spornt die Winzer eher noch an...

Die Weine

Gewürztraminer Reifenberg*, Pinot Gris Karchweg*, Auxerrois Keimberg*, Riesling Hannesacker*, Pinot Gris Brandhof*, Rouge d'Alsace Fût de Chêne*, Crémant* u.a.

Stil und Ausbau der Weine

Die individuellen Ausbaumöglichkeiten einer Winzergenossenschaft haben ihre Grenzen. Doch neben zuverlässigen Standardweinen, ausgebaut in Stahltanks, gelingen überraschend gute Cuvées unter Lagennamen und sogar Barriqueweine.

Fast ein Monopol

Cleebourg gehört zu den unbekanntesten Weinorten des Elsaß. Fast alle 180 Winzer, die hier im äußersten Norden arbeiten, liefern ihren Ertrag bei der Genossenschaft ab.

Marcel Deiss

15, Route du Vin, F-68750 Bergheim
Tel. 0033/389736337, Fax 0033/389733267
Inhaber: Jean-Michel und Clarisse Deiss

Qualität: ★★★
Weinbergsfläche: 20 ha
Jährliche Abfüllung: 120.000
Preis ab Keller:
Spitzenweine: 6
andere Weine: 2–5

Ohne Zweifel ist Jean-Michel Deiss der ungewöhnlichste Winzer im gesamten Elsaß. Seine Weine erreichen herausragende Qualität und sind jeden verlangten Franc wert.

Die Spitzenweine

Grand Vin d'Altenberg★★★
Riesling Altenberg★★★
Pinot Gris Altenberg★★★
Gewürztraminer Altenberg★★★
Riesling Schoenenbourg★★★
VT★★★, SGN★★★ (Riesling, Pinot Gris, Gewürztraminer)
Pinot Noir Burlenberg VV★★★

Andere Weine

Riesling Engelgarten★★, Riesling Burg★★, Riesling Grasberg★★, Gewürztraminer Burg★★, Pinot Gris Bergheim★★, Gewürztraminer Bergheim★★, Muscat Bergheim★★, Sylvaner Bergheim★, Pinot Blanc Bergheim★, Pinot Gris Beblenheim★, Riesling Bennwihr★, Riesling Saint-Hippolyte★, Cuvée du Printemps★, Gewürztraminer Saint-Hippolyte★, Pinot Blanc Bennwihr★, Gewürztraminer Mittelwihr★, Riesling Bennwihr★, Pinot Noir Burlenberg★★, Crémant★★ u.a.

Weinbereitung

Ausbau stets im Holzfaß, der Pinot Noir Burlenberg VV reift im Barrique. Die Weine werden nicht chaptalisiert, gären sehr langsam und lagern häufig ein Jahr lang auf der Hefe.

Stil der Spitzenweine

Enorme Konzentration ist allen Weinen eigen, der Traubencharakter tritt zugunsten der Lagentypizität zurück. Rieslinge wie auch Pinot Gris weisen, je nach Jahrgang, Aromen von kandierten Früchten, getrockneten Aprikosen, Grapefruit, manchmal sogar gerösteten Mandeln auf. Die Gewürztraminer wirken duftig und dezent und entwickeln im Alter faszinierende mineralische Noten. Der im Barrique ausgebaute Pinot Noir aus alten Reben besitzt monumentale Qualität und tiefes Röstaroma. Er ist einer der besten Rotweine des Elsaß.

Verfechter des Terroir-Gedankens

Jean-Michel Deiss ist ein Fanatiker. Ein Fanatiker im besten Sinne allerdings. Sein Ziel, einen herausragenden Wein mit dem speziellen Charakter des Bodens zu keltern, verfolgt er unnachsichtig. Nicht die primäre Fruchtigkeit der Rebsorte ist für den dynamisch wirkenden Winzer wichtig, das *terroir* (der Charakter der Lage) muß im Wein herauszuschmecken sein. Und die Voraussetzungen für solch monumentale Gewächse liegen im Weinberg – nirgendwo sonst arbeitet Jean-Michel Deiss lieber. Alte, ungeheuer tief wurzelnde Reben (bis zu 40 Meter!) ergeben Miniaturerträge, über die andere elsässische Winzer nur lächeln. Den Qualitätspionier Deiss aber ficht Spott keine Sekunde an. Zu seiner Philosophie passen weder Herbizide noch chemischer Dünger, seit 1998 arbeitet er vollständig biodynamisch.

Keine Auslese

Während der schweigsame Jean-Michel am liebsten in den Reben werkelt, kümmert sich seine sympathische Frau Clarisse um den Verkauf. Sie erklärt gern ausführlich, warum es in diesem oder jenem Jahrgang keinen „normalen" Grand Cru gibt. Denn im Weingut Deiss

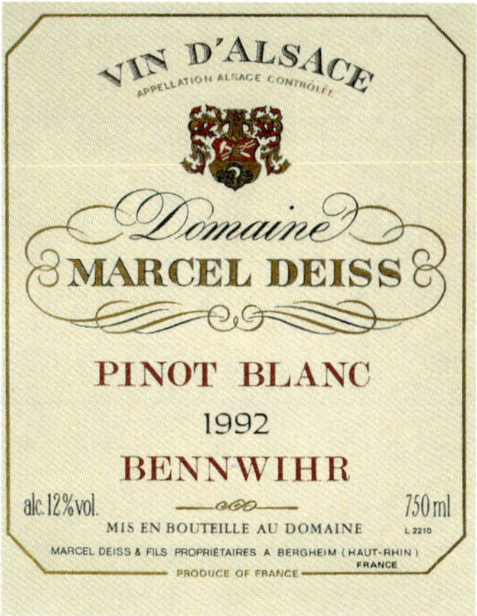

wird, ein weiteres dieser verehrungswürdigen Prinzipien, niemals ausgelesen. Erlaubt die Reife der Trauben die Erzeugung einer Vendange Tardive, gar einer Sélection de Grains Nobles (besonders hochwertige Beerenauslesen heißen hier „Quintessence“), dann wird eine solche ausgebaut. Stets aber wird die Gesamtheit aller Trauben einer Lage gemeinsam verarbeitet. Die anderswo selbstverständliche Auslese-Methode entziehe, so Jean-Michel Deiss, dem Wein sein Gleichgewicht. Solche Aussagen lassen sich wissenschaftlich kaum nachprüfen, und andere elsässische Winzer teilen diese radikale Auffassung keineswegs. Die beeindruckende Qualität der Deissschen Weine indes spricht für sich...

Grand Vin d'Altenberg

Seine Lagen Burg, Burlenberg, Grasberg und Engelgarten bezeichnet Jean-Michel Deiss mit Vorliebe als Premiers Crus – obwohl das elsässische Weingesetz diese Bezeichnung nicht kennt. Aber den Prinzipien des Burgund ist Deiss wesentlich näher als den Methoden vieler elsässischer Kollegen. Lange rang er mit dem INAO, dem französischen Institut zur Überwachung der Appellationsbestimmungen, bis er seinen Grand Vin d'Altenberg in den Verkauf bringen durfte: Offiziell ist dieser Wein kein Grand Cru, er darf aber ausnahmsweise trotzdem den Lagennamen führen. 1994 erntete Deiss erstmals Pinot Gris-, Gewürztraminer- und Rieslingtrauben gemeinsam und ließ die Moste zusammen vergären. Das Ergebnis? Unglaubliche Konzentration, weniger Trauben- als Lagencharakter: In einem Jahrzehnt erneut zu verkosten.

DIRLER

13, Rue d'Issenheim, F-68500 Bergholtz
Tel. 0033/389769100, Fax 0033/389768597
Inhaber: Jean-Pierre und Jean Dirler

Qualität: ★★★
Weinbergsfläche: 8,5 ha
Jährliche Abfüllung: 60.000
Preis ab Keller:
Spitzenweine: 3–6
andere Weine: 1–3

Herausragende Sylvaner, finessenreiche Rieslinge, fruchtige Gewürztraminer mit Lycheearomen – man weiß nicht, welcher Wein mehr zu bewundern ist.

Die Spitzenweine

Gewürztraminer Saering★★★
Gewürztraminer Spiegel★★★
Riesling Saering★★★
Riesling Spiegel★★★
Gewürztraminer SGN★★★

Andere Weine

Muscat Spiegel★★, Pinot Gris Schwarzberg★★, Sylvaner VV★★, Pinot Cépage Pinot Noir★★, Pinot VV★, Muscat★, Riesling Bollenberg★, Gewürztraminer Réserve★, Gewürztraminer Bux★, Pinot Noir Fût de Chêne★★ u.a.

Weinbereitung

Die Weine reifen in Holzfudern oder Stahltanks, zu einem kleinen Teil in Barriques.

Stil der Spitzenweine

Die Dirlers orientieren sich nicht am Mostgewicht, sie achten auf die Säure. So entstehen konzentrierte, trockene Rieslinge und elegante Gewürztraminer.

Traditionsgut mit Zukunft

Schon im letzten Jahrhundert heimsten die Weine des 1871 gegründeten Gutes Preise en masse ein. Nicht zuletzt der Schaumwein machte damals Furore: Zusammen mit dem Riquewihrer Handelshaus Dopff au Moulin zählte das Weingut Dirler zu den Pionieren des Crémant, der vor hundert Jahren schlicht als Vin Mousseux firmierte (oder sogar, heute längst nicht mehr legal, als Champagner). Mittlerweile beschäftigen sich die Dirlers nicht mehr mit Sekt (vielleicht schade), sondern konzentrieren sich auf die Erzeugung großer stiller Weine. Sohn Jean – ein studierter Informatiker, der auch in Deutschland gearbeitet hat – widmet sich jetzt dem Weinbau und scheint dem Betrieb noch mehr Schwung zu verleihen: Die letzten Jahrgänge überzeugen besonders. Der obligatorischen Ganztraubenpressung ist unter anderem ein rarer lagerfähiger Muscat von der Lage Spiegel zu verdanken, der Sylvaner von alten Reben zeigt das ganze Potential der Sorte.

Eine Adresse für Kenner

Nach Bergholtz, fast am südlichen Ende der Route du Vin, verirren sich nur selten Touristen. Wer hier Station macht, weiß um die Qualität der Dirlerschen Weine. Das Barriquefaß spielt eine vernünftige Rolle im Keller und verhilft dem weißgekelterten, manchmal mit malolaktischer Gärung ausgebauten Pinot Noir (unter dem komplizierten Begriff „Pinot Cépage Pinot Noir") zu Komplexität. 1998 wurden 60 Prozent des Gutes auf biodynamischen Weinbau umgestellt.

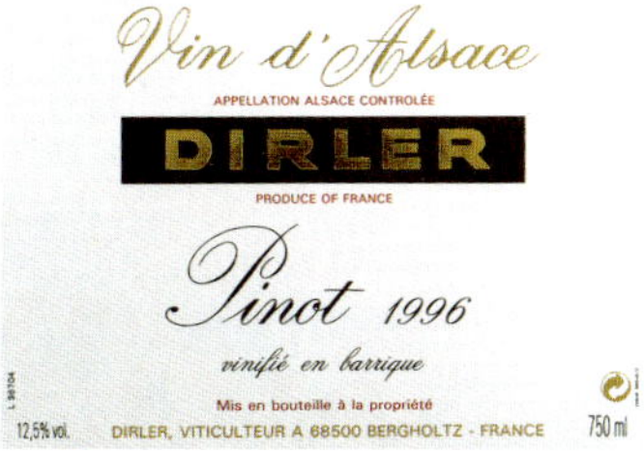

JEAN-LOUIS DIRRINGER

5, Rue du Maréchal Foch, F-67650 Dambach-la-Ville
Tel. 0033/388924151, Fax 0033/388926276
Inhaber: Martial Dirringer

Der eloquente Martial Dirringer setzt auf trocken-mineralische Weine.

Die Weine

Riesling Frankstein★★, Gewürztraminer Frankstein★, Riesling Réserve de Romane★, Gewürztraminer Réserve de Romane★, Sylvaner★, Klevner★, Cuvée Kathea★★ (Pinot Gris, Gewürztraminer), Pinot Noir★, Crémant★ u.a.

Stil und Ausbau der Weine

Zum größten Teil im Holzfaß gereift, beeindrucken die konsequent trockenen und mineralischen Weine. Allenfalls die lebkuchenduftigen Gewürztraminer namens „Romane" und Frankstein können eine Spur Restsüße aufweisen. Rar sind die botrytisgeprägten Cuvées Kathea.

200 Jahre Weinbau

Erfahrungen mit Weinbau hat man im Dirringerschen Betrieb seit über 200 Jahren, mit Crémant befaßt sich Inhaber Martial Dirringer erst seit kurzem. Der 1994er lagerte 28 Monate auf der Hefe und verrät bestes Ausgangsmaterial.

Qualität: ★
Weinbergsfläche: 12 ha
Jährliche Abfüllung: 60.000
Preis ab Keller: 1–5

Dopff & Irion

Château de Riquewihr, F-68340 Riquewihr
Tel. 0033/389479251, Fax 0033/389479890
Inhaber: Gesellschaft Dopff & Irion

An dem professionell geführten Handelshaus kommt niemand vorbei, der nach guten Rieslingen oder Gewürztraminern sucht.

Die Spitzenweine

Gewürztraminer Sporen★★
Riesling Schoenenbourg★★
Riesling Sporen★★
Pinot Gris Sporen★
Gewürztraminer Les Sorcières★
Riesling Les Murailles★
VT★★, SGN★★ (Pinot Gris, Gewürztraminer)

Andere Weine

Pinot Gris Les Maquisards★, Muscat Les Amandiers★, Riesling Château d'Isenbourg★, Gewürztraminer Château d'Isenbourg★, Riesling Cuvée René Dopff★, Pinot Blanc★, Pinot Noir Cuvée René Dopff★, Crémant★ u.a.

Weinbereitung

Reifung in Stahl- und Epoxidtanks, Holzfässern, zu einem kleinen Teil auch in Barriques – abhängig von der Art des Weines. Temperaturkontrollierte Gärung, Abfüllung zwischen Juli und September.

Qualität: ★
Weinbergsfläche: 32 ha
Jährliche Abfüllung: 1,8 Mio.
Preis ab Keller:
Spitzenweine: 3–6
andere Weine: 1–3

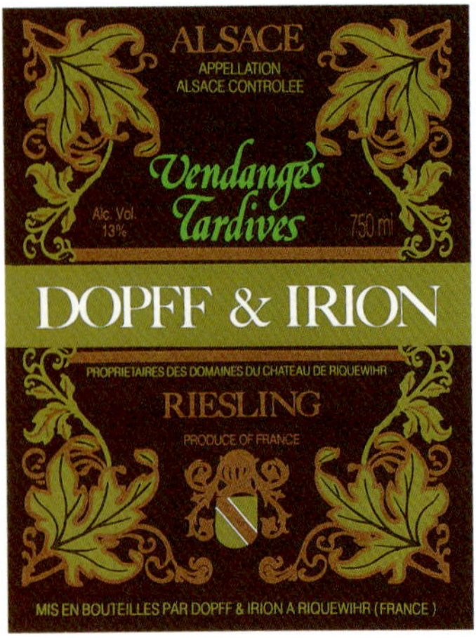

Stil der Weine

In der Regel trockene und schlanke Rieslinge und Gewürztraminer.

10.000 Besucher pro Jahr

Seit dem 16. Jahrhundert, der Blütezeit des Elsaß, produzieren die Familien Dopff und Irion in Riquewihr Wein. Seit wenigen Jahren jedoch ist kein Familienmitglied mehr in der Leitung des Unternehmens tätig, der letzte Dopff, Monsieur Guy, verkaufte das Gut, das nun mit der Pfaffenheimer Winzergenossenschaft verbunden ist. Noch bleibt abzuwarten, wie sich der Wechsel auf die Qualität auswirken wird – 1994 fiel die Kollektion durchweg sehr gut aus, 1995 beeindruckten nur wenige Weine, 1996 und 1997 zeigte der Trend wieder nach oben. Regelmäßig empfehlenswert sind die Gewächse der eigenen Rebflächen (Domaines du Château de Riquewihr), allen voran die Cuvées Les Murailles (Die Mauern) und Les Sorcières (Die Hexen) sowie die Grands Crus Schoenenbourg und Sporen. Unter den einfacheren Weinen aus zugekauften Trauben finden sich da und dort auch schwächere Abfüllungen. Beeindruckend ist in jedem Fall ein Besuch im Sitz der Firma, dem einstigen Schloß der Herzöge von Württemberg. Pro Jahr nutzen mehr als 10.000 Weinfreunde die Möglichkeit einer Besichtigung.

Kurzer Anschnitt

Christian Faucher, der für den Vertrieb zuständige Direktor, erläutert mit Begeisterung die Eigenarten der unterschiedlichen Lagen. Im Grand Cru Schoenenbourg besitzen Dopff & Irion viele alte Reben. Nur acht Augen werden im Winter angeschnitten, im Sommer reduziert man die Erträge zusätzlich durch „grüne Lese" – sie liegen in den Spitzenlagen selten über 50 hl/ha.

Dopff au Moulin

2, Avenue Jacques Preiss, F-68340 Riquewihr
Tel. 0033/389490969, Fax 0033/389478361
Inhaber: Familie Dopff

Berühmt für seinen Crémant, erzeugt das Handelshaus auch hervorragende Rieslinge und Gewürztraminer.

Die Spitzenweine

Riesling Schoenenbourg★★
Gewürztraminer Brand★★
Gewürztraminer Sporen★★
VT★★★, SGN★★★ (Riesling, Pinot Gris, Gewürztraminer)

Andere Weine

Muscat de Riquewihr★★, Riesling de Riquewihr★★, Gewürztraminer de Riquewihr★★, Pinot Gris de Riquewihr★★, Pinot Blanc★, Sylvaner de Riquewihr★, Pinot Noir Barrique★, Crémant Cuvée Bartholdi★★, Crémant Chardonnay★★, Crémant Blanc de Noirs★★, Crémant Wild Brut★★, Crémant Julien★ u.a.

Qualität: ★★
Weinbergsfläche: 65 ha
Jährliche Abfüllung: 3 Mio.
Preis ab Keller:
Spitzenweine: 3–6
andere Weine: 1–3

Weinbereitung

Ausbau zum großen Teil in Holzfässern, auch in Barriques (Pinot Noir).

Stil der Spitzenweine

Bei allem Reichtum an Extrakt – alle Grands Crus bleiben elegant, rassig, trocken. Die eleganten Gewürztraminer überzeugen mit filigranen Lychee- und Teerosenaromen – man versteht, warum sie in der Gastronomie so geschätzt sind.

Handelshaus mit Sinn für Qualität

So kompromißloses Streben nach hehren Qualitätszielen ist nicht jedem elsässischen Handelshaus eigen. Schon lange war die eindrucksvolle Domaine, deren Ursprünge auf das Jahr 1574 zurückreichen, für zuverlässige Weine bekannt. In den letzten Jahren konnte die Güte der Spitzengewächse noch weiter gesteigert werden. Im guten, aber schwierigen Jahrgang 1995 gelangen Pierre Dopff und Sohn Pierre-Étienne konzentrierte Tropfen (sowohl Rieslinge als auch Gewürztraminer zählten in diesem Jahr zu den besten der ganzen Region), 1996 und 1997 konnte diese Leistung erfreulicherweise wiederholt werden.

Erfinder des Crémant

Schaumwein wurde im Elsaß schon hergestellt, bevor Julien Dopff im Jahre 1900 die Weltausstellung in Paris besuchte. Dort schaute der Ahnherr der Dopffs, so die Legende, den Champagnerwinzern das Prinzip der Flaschengärung ab. Als erster vermarktete er in großem Stil Elsässer „Champagner"; der Begriff Crémant wurde erst 1976 im Elsaß eingeführt. Lange Jahre galt die Verwendung des Champagner-Begriffes keineswegs als anrüchig. Auf seine Palette an Schaumweinen ist Seniorchef Pierre Dopff auch heute noch stolz: Vor allem der Blanc de Noirs (aus Pinot Noir), der nicht dosierte Wild Brut und der reinsortige Chardonnay überzeugen. Die Cuvée Julien besitzt ordentliche Standardqualität.

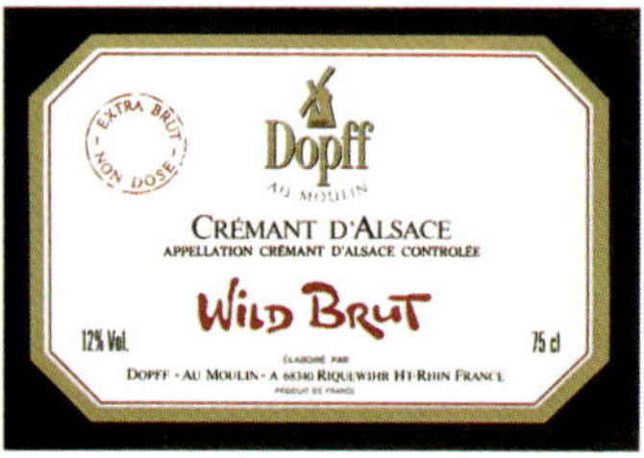

André Dussourt

2, Rue de Dambach, F-67750 Scherwiller
Tel. 0033/388921027, Fax 0033/388827047
Inhaber: André und Paul Dussourt

Qualität: ★
Weinbergsfläche: 10 ha
Jährliche Abfüllüng: 70.000
Preis ab Keller:
Spitzenweine: 2–5
andere Weine: 1–2

Uralte Holzfässer nennen Vater und Sohn Dussourt ihr eigen. Darin reifen Weine mit gutem Preis-Leistungs-Verhältnis.

Die Spitzenweine

Riesling de Scherwiller
Réserve Prestige★★
Pinot Gris Réserve Prestige★
Gewürztraminer
Réserve Prestige★
VT★★ (Pinot Gris, Gewürztraminer)

Andere Weine

Auxerrois Réserve Particulière★, Riesling Réserve Particulière★, Pinot Gris Réserve Particulière★, Sylvaner★, Muscat★, Pinot Noir Réserve Prestige★, Crémant★ u.a.

Weinbereitung

Zu 80 Prozent reifen die Weine in Holzfässern (das größte faßt 17.800 Liter), Verwendung von Reinzuchthefen nur in schwierigen Jahren; langsame, temperaturkontrollierte Gärung.

Stil der Spitzenweine

Mineralisch, eher leicht und spritzig als mächtig. Im Alter entfaltet der Riesling Réserve

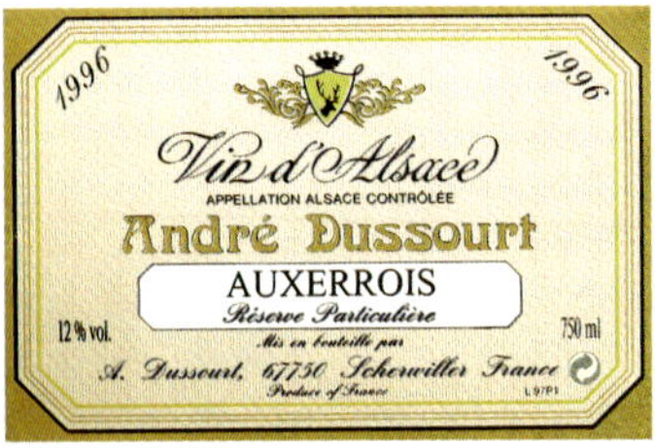

Prestige deutliche Petrolaromen. Gewürztraminer und Pinot Gris sind elegant und eher halbtrocken als süß; die Rieslinge besitzen nur in Ausnahmefällen schmeckbaren Restzucker.

Viele Privatkunden

„Ich bevorzuge den Kontakt mit den Kunden", erklärt Paul Dussourt, ein junger Winzer im 200jährigen Weingut. Und so veranstaltet er an jedem ersten Septembersonntag eine kulinarische Weinbergwanderung. Aber auch zu anderen Zeiten laden die Dussourts gern zu einer Probe und erklären die leichten Rieslinge von Granit- und Sandböden, die auch im Alter nur selten aufdringliche Petrolnoten entwickeln. Gelungen ausgefallen sind die 1993er, noch besser als der 1995er Riesling präsentiert sich der komplexe 1996er. Dieser Jahrgang erbrachte auch überaus harmonische Pinot Gris – die markante Säure wird von einer Nuance Süße, die kaum zu bemerken ist, gekonnt ausbalanciert. „Ich liebe die Weine eher trocken", bekräftigt Dussourt.

Keine Experimente

Auch ohne Barriques lassen sich sehr ordentliche Rotweine fabrizieren. Voraussetzung ist ein Verzicht auf Exzesse beim Ertrag und eine Maischegärung mit Fingerspitzengefühl (meist zwischen fünf und sechs Tagen). Der rubinrote Pinot Noir von Dussourt besitzt schöne Röstaromen, er ist ein charmanter Wein. Gleiches läßt sich dem Crémant bescheinigen, der in der Regel zwei Jahre auf der Hefe zubringt – aus Pinot Blanc und Auxerrois gewonnen und mit wenig Dosage abgefüllt.

Robert Faller

26, Grand'Rue, F-68150 Ribeauvillé
Tel. 0033/389736047, Fax 0033/389733480
Inhaber: Jean-Baptiste Faller

Modische Restsüße ist nicht die Sache der Fallers – fast alle Rieslinge sind durchgegoren.

Die Weine

Riesling Geisberg★★, Riesling Cuvée Bénédicte★★, Pinot Gris Cuvée Bénédicte★, Muscat Kirchberg★, Gewürztraminer Kirchberg★, Riesling Cuvée Traditionelle★, VT★★ (Riesling, Pinot Gris, Gewürztraminer) u.a.

Stil und Ausbau der Weine

Fast alle Rieslinge sind durchgegoren. Bleibt dennoch eine gewisse Restsüße übrig, kommt der Wein als Cuvée Bénédicte in den Verkauf. Obligatorisch ist der Ausbau im Holzfaß und ohne Reinzuchthefen. Leider wirken manche Gewürztrami ner etwas rustikal.

Tradition pur

„Früher war es unvorstellbar, daß eine Frau Winzerin wurde", sagt Jean-Baptiste Faller und blickt stolz auf Tochter Bénédicte. Heute nicht mehr, die engagierte junge Frau arbeitet bereits im Betrieb mit und wird dereinst die Nachfolge des Vaters antreten.

Qualität: ★
Weinbergsfläche: 11 ha
Jährliche Abfüllung: 70.000
Preis ab Keller: 1–5

Domaine Pierre Frick

5, Rue de Baer, F-68250 Pfaffenheim
Tel. 0033/389496299, Fax 0033/389497378
Inhaber: Jean-Pierre und Chantal Frick

Qualität: ★★
Weinbergsfläche: 12 ha
Jährliche Abfüllung: 75.000
Preis ab Keller:
Spitzenweine: 3–6
andere Weine: 2–4

Konsequent biologisch wirtschaften Chantal und Jean-Pierre Frick – und erzeugen quasi nebenbei überzeugende Weiß- und Rotweine.

Die Spitzenweine

Gewürztraminer Steinert★★
Gewürztraminer Vorbourg★★
Muscat Steinert★★
Sylvaner Bergweingarten★★
VT★★, SGN★★★ (Riesling, Pinot Gris, Gewürztraminer)
Pinot Noir Rot Murlé★★

Andere Weine

Riesling Cuvée Précieuse★★, Riesling Rot Murlé★★, Sylvaner Bihl★★, Muscat★, Pinot Gris★, Riesling★, Gewürztraminer★, Crémant★★ u.a.

Weinbereitung

Reifung ausschließlich im Holzfaß; weitestgehender Verzicht auf Schönungen und andere Eingriffe.

Stil der Spitzenweine

Durchgegoren, schlank, komplex. Von einem einheitlichen Stil zu sprechen ist schwierig. Mehr als anderswo geben Jean-

Pierre Fricks Weine die Charakteristika des Jahrgangs wieder. Immer dezent, elegant, duftig sind Fricks Gewürztraminer, der Sylvaner Bergweingarten besitzt außergewöhnliche mineralische Fülle und nussige Noten.

Biologisch und biodynamisch

Weinbau ist für Jean-Pierre Frick mehr als ein Handwerk, es ist eine Philosophie. Zusammen mit seiner Frau Chantal arbeitet der Pfaffenheimer Winzer konsequent biologisch (seit 1970) und ab 1981 auch biodynamisch. Mittlerweile trägt der Betrieb sogar das Demeter-Gütezeichen. Die Lese erfolgt stets per Hand, chaptalisiert wird nie, Reinzuchthefen sind für die Fricks ein Fremdwort. Und so fallen die Weine in Alkoholgehalt und Restsüße von Jahrgang zu Jahrgang unterschiedlich aus. Bleibt die Gärung stecken, so behält der Wein eine – nie unharmonische – Restsüße, und auch der biologische Säureabbau bei weißen Sorten ist für Jean-Pierre Frick kein Unglück.

Rotwein ohne Barrique

Probiert man den 96er Pinot Noir der Lage Rot Murlé, so versteht man Fricks Ablehnung des Barrique: Auch im großen Holzfaß entstehen hier kraftvolle, dunkle Rotweine mit perfekt eingebundenen Tanninen (welche freilich nicht dem Faß, sondern der Maischegärung zu verdanken sind). Wie die herausragenden Sylvaner der Lagen Bergweingarten und Bihl (die Fricks haben ein Faible für diese oft verkannte Sorte) wird der Pinot Noir als Cuvée Précieuse verkauft. Aber auch die schlichteren, nur mit dem Rebsortennamen etikettierten Cuvées Classiques sind jeden verlangten Franc wert.

Romain Fritsch

49, Rue du Général de Gaulle, F-67520 Marlenheim
Tel. 0033/388875123, Fax 0033/388875944
Inhaber: Romain Fritsch

Qualität: ★
Weinbergsfläche: 8 ha
Jährliche Abfüllung: 45.000
Preis ab Keller:
Spitzenweine: 2–5
andere Weine: 1–2

Marlenheim ist seiner schlanken, fruchtigen Rotweine wegen bekannt, Romain Fritsch stellt gleich mehrere Versionen her.

Die Spitzenweine

Riesling Steinklotz★★
Pinot Gris Steinklotz★
Gewürztraminer Steinklotz★
VT★★, SGN★★ (Riesling, Pinot Gris)
Rouge de Marlenheim Barrique★★
Rouge de Marlenheim Tradition★

Andere Weine

Auxerrois★, Riesling★, Muscat★, Pinot Gris★, Rouge★, Caprice★, Rosé★, Crémant★

Weinbereitung

Weißweine reifen im Stahltank, Rotweine im großen Holzfaß oder dem Barrique. Gekühlte Gärung bei 18–20°C, früher Abstich. Die Spitzenrotweine machen bis zu 15 Tagen Maischegärung durch.

Stil der Spitzenweine

Vom Rosé (fruchtig, aber keineswegs harmlos) über Tradition (animalische Noten) bis zum

Rouge Barrique (Röstaromen, samtiges Tannin) reicht das Spektrum der Roten. Finesse besitzen die meist trockenen Weißweine, besonders der spritzige Riesling vom Steinklotz.

Arbeit im verborgenen

Romain Fritsch ist keiner der berühmten Winzer, die in aller Welt exportieren. Kein Wunder, denn Marlenheim ist ja auch keines der bekannteren elsässischen Weindörfer. Fast im verborgenen erarbeiten Romain und sein Frau Angèle Rotweine mit Charakter (und nicht übertriebenem Holzton) sowie überdurchschnittliche Rieslinge. Mit 16 Jahren bereits war Romain für das Weingut verantwortlich, Konflikte mit seinem Vater blieben nicht aus: Der Senior bekommt noch heute graue Haare, schneidet der Sohn im Sommer mal wieder unreife Trauben heraus, um den Ertrag zu begrenzen.

Keine Prämierungen

Von den alljährlich stattfindenden Weinprämierungen und den dort in üppigen Mengen vergebenen Medaillen hält Romain Fritsch nicht viel. Zu sehr auf Süße seien sie dort erpicht, klagt der sympathische Winzer. Tatsächlich läßt sich nicht verleugnen, daß heute im Elsaß mehr Weine mit gefälligem Restzucker erzeugt werden als früher. Fritsch macht da nicht mit: „Man muß seinen Stil weiterverfolgen", betont er. Das schließt freilich nicht aus, daß auch schon mal edelsüße Spitzenkreszenzen abgefüllt werden: Die 95er Riesling SGN ist so ein Beispiel und macht mit ihrer dichten, aber unaufdringlichen Süße fast süchtig; die vorhandenen fast 15 Prozent Alkohol fallen kaum auf.

Domaine André Fuchs

19, Rue de la 1ère Armée, F-68240 Sigolsheim
Tel. 0033/389471221, Fax 0033/389471221
Inhaber: Familie Fuchs

Stéphanie Fuchs gehört zu den jüngsten Winzerinnen des Elsaß. Mit viel Engagement übernahm sie das elterliche Weingut.

Die Spitzenweine

Gewürztraminer Mambourg★★
Pinot Gris Mambourg★★
Gewürztraminer VT★★

Andere Weine

Riesling Schlossberg★, Riesling Mambourg★, Gewürztraminer Vogelgarten★, Sylvaner★, Pinot Blanc★, Riesling★, Muscat★, Pinot Gris★, Crémant★ u.a.

Weinbereitung

Ganztraubenpressung, langsame Gärung mit traubeneigenen Hefen, Ausbau in Holzfässern oder Stahltanks.

Stil der Spitzenweine

Die Gewürztraminer zeigen die typische Fülle der Grand-Cru-Lage Mambourg, besitzen neben deutlicher Süße pikante Säure (selbst 1997!), die Aromen von Nektarinen und Aprikosen sind jung verhalten, entwickeln sich aber zu eindrucksvoller Komple-

Qualität: ★
Weinbergsfläche: 5 ha
Jährliche Abfüllung: 50.000
Preis ab Keller:
Spitzenweine: 2–5
andere Weine: 1–2

xität. Stéphanie Fuchs' Rieslinge müssen ihr Gleichgewicht zwischen Süße, Fülle und pikanter Säure erst noch finden.

Wandel eines Weinguts

Jahrelang gehörte die Domaine André Fuchs zu jener Vielzahl an elsässischen Gütern, die ordentlichen, aber keinesfalls herausragenden Wein produzierten: Man lebte von den Touristen, die auf dem Weg zum nahen Kaysersberg ein paar Flaschen erwarben, und nannte sich folkloristisch „Cave des Renards". Als André Fuchs 1992 plötzlich verstarb, gab Tochter Stéphanie ihr Literaturstudium auf, belegte Kurse über Weinbau – und setzte eigene Ideen um. Verringerte Erträge und späte Lese machen sich spätestens beim 96er Jahrgang positiv bemerkbar, die 97er scheinen mindestens ebenso gelungen. Wenn auch noch nicht alle Weine perfekt ausfallen, so ist der vermutlich jüngsten Winzerin im Elsaß noch einiges zuzutrauen.

Schwere Böden – ideal für Gewürztraminer

Der Mambourg zählt zu den bevorzugten Anbauflächen für Gewürztraminer. Schwere Kalk- und Mergelböden bringen kleine Erträge und Weine mit großer Reife hervor, die in ihrer Jugend ein eher zurückhaltendes Aroma aufweisen. Nach sechs oder sieben Jahren jedoch öffnen sich die Traminer zu mineralischer Fülle, die auch jene Weintrinker überzeugt, die mit dieser würzigen Sorte gemeinhin wenig anfangen können. Berühmt war der Mambourg übrigens schon im frühen Mittelalter, erste Berichte datieren auf das Jahr 783.

Armand Gilg

2, Rue Rotland, F-67140 Mittelbergheim
Tel. 0033/388089276, Fax 0033/388082591
Inhaber: Familie Gilg

Qualität: ★★
Weinbergsfläche: 22 ha
Jährliche Abfüllung: 180.000
Preis ab Keller:
Spitzenweine: 2–5
andere Weine: 1-2

Daß der Sylvaner ungeahnte Finessen erreichen kann, beweist Familie Gilg im hübschen Mittelbergheim.

Die Spitzenweine

Riesling Moenchberg★★
Riesling Zotzenberg★★
Gewürztraminer Zotzenberg★★
Pinot Gris Zotzenberg★★
Sylvaner „Z"★
Crémant Prestige★★

Andere Weine

Riesling VV★, Pinot Gris VV★, Gewürztraminer Réserve Particulière★, Sylvaner★, Pinot Blanc VV★, Riesling Mittelbergheim★, Pinot Noir★, Pinot Noir Réserve Particulière★, Crémant★

Weinbereitung

Temperaturkontrollierte Gärung, Ausbau in Holz, Stahl oder Beton. Crémant lagert bis zu sechs Jahren auf der Hefe.

Stil der Spitzenweine

Erstaunlich voll und komplex, mit Blüten-, Aprikosen- und Nußaromen präsentiert sich der Sylvaner „Z", dessen Reben im Grand Cru Zotzenberg stehen.

Die Spitzenrieslinge sind mineralisch, lang und (fast immer) trocken. Komplexer Crémant Prestige mit nussigem, aber nicht aufdringlichem Hefeduft.

Viele Privatkunden

Armand und Jean-Pierre, die beiden Gilg-Brüder, erklären gerne die geschmacklichen Unterschiede der beiden Grands Crus. Während der Riesling vom Moenchberg jung verschlossen wirkt (und im Alter nie einen Petrolton entwickelt), gilt für den Riesling Zotzenberg das Gegenteil – er neigt zu ausladenderen Aromen. Ob diese Eigenschaften dem Boden – der Moenchberg besitzt im wesentlichen Sandstein, der Zotzenberg Kalk und Mergel – oder eher dem Mikroklima zuzuschreiben sind? Viele Privatkunden aus ganz Europa reisen extra zu solch lehrreichen Verkostungen an, zumal Mittelbergheim zu den schönsten Dörfern im Elsaß gehört.

Crémant als Leidenschaft

„72 Monate auf der Hefe sind eigentlich zuviel", sagt Jean-Pierre Gilg. Man habe es versucht, aber schnell herausgefunden, daß 50 bis 60 Monate genügten. Wenn Monsieur Gilg so enthusiastisch über seinen Crémant Prestige spricht, so hat das mehrere Gründe. Einmal trinkt er ihn selbst sehr gern, zum anderen ist er Vizepräsident der elsässischen Sekterzeuger. Auch der normale Crémant hat Charakter (erhältlich auch als „extra brut" ohne Dosage). Er besteht aus Auxerrois, Pinot Gris, Pinot Blanc und Riesling und lagert mindestens 15 Monate auf seinem Hefedepot.

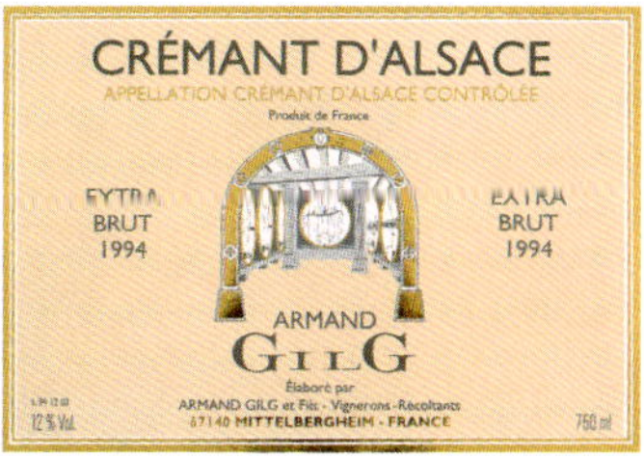

Paul Ginglinger

8, Place Charles de Gaulle, F-68420 Eguisheim
Tel. 0033/389414425, Fax 0033/389249488
Inhaber: Paul Ginglinger

Unter den zahlreichen Winzern von Eguisheim fällt Paul Ginglinger mit finessenreichen, trockenen Rieslingweinen auf.

Die Spitzenweine

Riesling Pfersigberg★★
Riesling Eichberg★★
Gewürztraminer Pfersigberg★★
Pinot Gris Eichberg★★
VT★★; SGN★★★ (Gewürztraminer)

Andere Weine

Riesling Drei Exa★★, Pinot Gris Cuvée des Prélats★, Gewürztraminer Wahlenbourg★, Riesling★, Muscat Cuvée Caroline★, Sylvaner★, Klevner★, Pinot Blanc Mise de Printemps★, Rouge d'Alsace★, Crémant Prestige★ u.a.

Weinbereitung

Lagerung in Holz oder Stahltanks, der Rouge d'Alsace reift in Barriques.

Stil der Spitzenweine

Die Rieslinge sind kompromißlos trocken; sie besitzen mineralische Finesse und Eleganz. Ach würden doch alle elsässischen Weine eine so pikante Säure vorweisen können!

Qualität: ★★
Weinbergsfläche: 12 ha
Jährliche Abfüllung: 80.000
Preis ab Keller:
Spitzenweine: 3–6
andere Weine: 1–2

Klein, aber welche Qualität!

Daß die Eguisheimer Weinszene nicht nur aus dem mächtigen Handelshaus Beyer besteht, beweisen Paul Ginglinger und sein Sohn Michel, ein studierter Önologe. Dank reduzierter Hektarerträge und pneumatischer Pressen entstehen Rieslinge, die in allen Qualitätsstufen überzeugen. Falls die exzellente Variante vom Grand Cru Eichberg ausverkauft sein sollte – was leider sehr schnell passiert –, tut es auch die Cuvée Drei Exa, die nach den drei Burgruinen hoch über Eguisheim benannt sind. Die Gewürztraminer mit dezenten Nelkenaromen, der fruchtige Muscat sowie der im Frühjahr abgefüllte Pinot Blanc (100 Prozent Auxerrois) – ein idealer Sommerwein – sind immer einen Versuch wert.

Besuch in Eguisheim

Über 70 Prozent der Ginglingerschen Produktion werden an Stammkunden verkauft. Für die zahlreichen Besucher, die selbst

nach Eguisheim reisen, haben sich Paul und seine Frau Marguerite einiges einfallen lassen. Ein lichter, moderner Degustationsraum wurde mit viel Geschmack eingerichtet, hinter dem Haus wachsen Rebstöcke aller Sorten nebeneinander – ein idealer Ort, um die Eigenheiten und Erziehungsmethoden der Reben kennenzulernen.

Willy Gisselbrecht

5, Route des Vins, F-67650 Dambach-la-Ville
Tel. 0033/388924102, Fax 0033/388924550
Inhaber: Familie Gisselbrecht

Qualität: ★
Weinbergsfläche: 17 ha
Jährliche Abfüllung: 900.000
Preis ab Keller: 1–6

Rieslinge sind die Stärke der Gisselbrechts, auch die übrigen Sorten lohnen allemal die Probe.

Die Weine

Riesling Frankstein★★, Riesling Muenchberg★, Pinot Gris Frankstein★, Gewürztraminer Frankstein★, Riesling Réserve Spécial★, VT★★, SGN★★ (Riesling, Pinot Gris, Gewürztraminer), Rouge d'Alsace★ u. a.

Stil und Ausbau der Weine

„Mein Credo heißt trocken", betont Philippe Gisselbrecht. Und so kommen praktisch alle Rieslinge – die Stärke des Betriebes – ohne erkennbare Restsüße daher. Selbst die Grands Crus wirken schlank, mineralisch und sind natürlich trocken. Im größten Weinort des Elsaß zählt die Maison Willy Gisselbrecht zu den größten Betrieben; sie führt ihre Tradition bis ins 17. Jahrhundert zurück, entwickelte sich aber erst in den letzten Jahrzehnten zur heutigen Größe. Erfreulicherweise hat die Qualität der Weine unter dieser Entwicklung nicht gelitten: Enttäuschungen sind im Hause Gisselbrecht selten.

André und Rémy Gresser

2, Rue de l'École, F-67140 Andlau
Tel. 0033/388089588, Fax 0033/388085599
Inhaber: André und Rémy Gresser

Qualität: ★★
Weinbergsfläche: 10 ha
Jährliche Abfüllung: 70.000
Preis ab Keller:
Spitzenweine: 3–6
andere Weine: 1–3

Seine Rieslinge haben das traditionsreiche Andlauer Weingut bekannt gemacht. Aber auch der Pinot Gris muß sich nicht verstecken!

Die Spitzenweine

Riesling Wiebelsberg VV★★
Riesling Kastelberg★★
Riesling Moenchberg★★
VT★★, SGN★★★ (Riesling, Pinot Gris, Gewürztraminer)

Andere Weine

Riesling Wiebelsberg★★, Pinot Gris Brandhof VV★★, Pinot Gris Brandhof★, Gewürztraminer Andlau★, Gewürztraminer Kritt★, Sylvaner Andlau★, Muscat Brandhof★, Riesling Andlau★, Gentil★, Pinot Noir Vieilli en Fût★, Crémant★

Weinbereitung

Langsame Kelterung, temperaturkontrollierte Vergärung meist mit traubeneigenen Hefen, Ausbau im Holzfaß.

Stil der Spitzenweine

Mineralische Aromen, die sich im Alter zu mäßigem Petrolton verdichten und dann Anklänge

an Kräuter, gar Eukalyptus oder kandierte Zitrusfrüchte aufweisen. Mit Ausnahme der VT und SGN sind die Rieslinge fast immer trocken.

Ein dynamischer Winzer

Wer kann schon vom Gesamtbestand seiner Reben sagen, daß sie ein Durchschnittsalter von 40 Jahren besitzen? Rémy Gresser, der das Weingut seit 1977 leitet, ist stolz auf dieses Potential. Entsprechend gering sind die Erträge (zwischen 35 und 65 hl/ha). Die Rieslinge vom Kastelberg (Schieferboden) weisen jung meist fruchtige Aromen auf – jene vom Wiebelsberg eher florale –, doch der mineralische Stil des Hauses bleibt stets gewahrt. Gresser begrenzt den Einsatz von Spritzmitteln so weit wie möglich.

Lange Lagerung auf der Flasche

Wann die Grands Crus in den Verkauf kommen, steht nicht von vornherein fest. Zwei, drei Jahre müssen die Kunden aber in jedem Fall warten – was manchem nicht leicht fallen dürfte! Rémy Gresser hält wenig von einer zu frühen Vermarktung der Spitzenrieslinge. Er steht da ganz in der Tradition seines Urahn Thiébaut, der 1520 Bürgermeister von Andlau wurde: Damals war es nicht unüblich, die besten Weine jahrzehntelang zu lagern. Wer heute unbedingt frische Tropfen erwerben will, sollte sich dem saftigen Riesling Andlau zuwenden, dem leichten Gewürztraminer Kritt von Sandböden oder dem Gentil, einem Super-Edelzwicker aus Muscat, Pinot Gris und Gewürztraminer.

HAEGI

33, Rue de la Montagne, F-67140 Mittelbergheim
Tel. 0033/388089580, Fax 0033/388089120
Inhaber: Bernard und Daniel Haegi

Qualität: ★
Weinbergsfläche: 87 ha
Jährliche Abfüllung: 50.000
Preis ab Keller: 1–6

Erdig und mineralisch, aber nicht rustikal – so präsentieren sich die Weine der Haegis.

Die Weine

Riesling Zotzenberg*, Riesling Brandluft*, Gewürztraminer Zotzenberg*, Sylvaner Mittelbergheim*, VT** (Riesling, Gewürztraminer), Gewürztraminer SGN**, Pinot Noir* u.a.

Stil und Ausbau der Weine

Mit ihrem trockenen, kraftvollen Sylvaner von Kalk-Mergel-Böden beweisen die Haegis, was man aus dieser Sorte machen kann. Selbst ein 1970er ist, obwohl firn, noch heute ein interessantes Erlebnis, ein origineller Aperitif.

Pâtissier im Weinkeller

Der gelernte Pâtissier Bernard ließ, als er unvermutet das elterliche Weingut übernehmen mußte, den Zuckersack in der Backstube: Seine Weine sind in der Regel trocken. Sohn Daniel, der seit 1985 im Betrieb mitarbeitet, experimentiert nun auch mit Barrique-Pinot Noir. Die Ergebnisse sind abzuwarten.

Domaine Hering

6–8, Rue du Docteur Sultzer, F-67140 Barr
Tel. 0033/388089007, Fax 0033/388080854
Inhaber: Liliane, Pierre und Jean-Daniel Hering

Qualität: ★
Weinbergsfläche: 9,5 ha
Jährliche Abfüllung: 80.000
Preis ab Keller:
Spitzenweine: 2–4
andere Weine: 1–2

Jean-Daniel Hering, ein junger Önologe, ist seit 1997 für die Weinbereitung zuständig. Ein Generationswechsel mit positiven Folgen.

Die Spitzenweine

Riesling Kirchberg★★
Gewürztraminer Kirchberg Cuvée des Frimas★★
VT★★ (Pinot Gris)

Andere Weine

Pinot Gris Kirchberg★, Gewürztraminer Kirchberg★, Muscat Feyel★, Sylvaner Clos de la Folie Marco★, Pinot Noir Fût de Chêne★, Crémant★ u.a.

Weinbereitung

Der Ausbau erfolgt zum großen Teil in Holzfudern oder Stahltanks, zu einem kleinen Teil in Barriques aus Allier- oder Vogeseneiche.

Stil der Spitzenweine

Mineralisch, frisch und trocken sind die Weine – manchmal leider auch etwas streng und rustikal. Nur Vendanges Tardives oder die cremig-fruchtige Cuvée des Frimas behalten etwas Süße.

Fortschritte in der nächsten Generation?

Gegründet von Emile Gustave Hering im Jahr 1858, wird die Domaine im Herzen Barrs von Pierre und Liliane Hering geleitet. Nach und nach hat sich das Gut einen Ruf für zuverlässige und vor allem vollkommen durchgegorene Weine erworben. Doch dann und wann übertrieb es Pierre Hering mit dem trockenen Ausbau, und die energische Liliane hatte Mühe, diesen Stil ihren zahlreichen Privatkunden begreiflich zu machen. Vor allem einige 1995er konnten nicht rundum überzeugen, die 1996er sind ausgeglichener. Seit 1997 aber ist Sohn Jean-Daniel, ein junger Önologe, für die Vinifikation zuständig. Erste Proben dieses Jahrgangs lassen qualitative Fortschritte erwarten.

Reben im Kirchberg

Kaum weniger als die Hälfte der neuneinhalb Hektar Weinbergbesitz befinden sich im Kirchberg, einer bereits 1983 klassifizierten Grand-Cru-Lage. Sein Kalk-Mergel-Boden bringt langlebige und kraftvolle Weine hervor, die nach sechs oder sieben Jahren Flaschenlagerung allmählich den berühmten Petrolton entwickeln.

HEYWANG

7, Rue Principale, F-67140 Heiligenstein
Tel. 0033/388089141, Fax 0033/388084911
Inhaber: Jean und Hubert Heywang

Qualität: ★
Weinbergsfläche: 6 ha
Jährliche Abfüllung: 35.000
Preis ab Keller:
Spitzenweine: 2–5
andere Weine: 1–2

Hubert und Jean Heywang pflegen den Klevener de Heiligenstein, die Spezialität des Ortes.

Die Spitzenweine

Klevener de Heiligenstein Cuvée Particulière★★
Klevener de Heiligenstein★
VT★★ (Riesling, Gewürztraminer)

Andere Weine

Gewürztraminer Kirchberg★, Riesling Réserve★, Pinot Gris★, Gewürztraminer Affenberg★, Muscat★, Sylvaner★, Riwerle★, Pinot Noir Rosé★, Pinot Noir Rouge★

Weinbereitung

Der Ausbau findet zum größten Teil in Holzfässern statt, teilweise im Edelstahl. Der erste Abstich erfolgt früh, bis zum Mai bleibt der Wein auf der Feinhefe.

Stil der Spitzenweine

Klevener und Gewürztraminer entwickeln bloß dezente Aromen nach Rosen, schwarzem Tee oder gelben Früchten. Meist in geringen Mengen vorhanden, bleibt der Restzucker immer gut eingebunden.

Dauerbegrünung und geringe Erträge

Jean Heywang und Vater Hubert arbeiten im Heiligensteiner Familienweingut nicht komplett ökologisch, bewegen sich aber hin auf einen integrierten Anbau. Schon seit 1989 sind die Rebzeilen dauerbegrünt, ist die Verwendung von Spritzmitteln eingeschränkt – die Heywangs machen sich Gedanken um die Umwelt und den Wasserhaushalt des Bodens. Die Cuvée Particulière des Klevener de Heiligenstein stammt von älteren Reben und wirkt konzentrierter und langlebiger als die normale Cuvée. Beide sollten sich wenigstens ein, zwei Jahre in der Flasche entwickeln. Wesentlich früher trinkreif ist der Riwerle, eine erfrischende Cuvée aus Sylvaner, Muscat und Riesling.

Klevener und Klevner

Im Jahr 1864 mußte man für eine Flasche Klevener in der nächsten Gaststätte eineinhalb Francs bezahlen – eine damals stolze Summe. Gemeint war in diesem Fall der Klevener de Heiligenstein, der keineswegs mit dem Klevner (Weißburgunder) des übrigen Elsaß verwechselt werden darf. Es handelt sich hier um einen Abkömmling des Savagnin Rose, eines weniger expressiven Verwandten des Gewürztraminers. Angebaut wird die ertragsarme Sorte, deren milde Würze oft eher an Pinot Gris als an den echten Gewürztraminer denken läßt, ausschließlich in und um Heiligenstein.

HUGEL

3, Rue de la 1ère Armée, F-68340 Riquewihr
Tel. 0033/389479215, Fax 0033/389490010
Inhaber: Familie Hugel

Qualität: ★★
Weinbergsfläche: 25 ha
Jährliche Abfüllung: 1 Mio.
Preis ab Keller:
Spitzenweine: 5–6
andere Weine: 2–4

Die Hugels waren schon immer für Denkanstöße im elsässischen Weinbau gut. Quasi nebenbei entstehen hier fabelhafte Weine.

Die Spitzenweine

Riesling Jubilée★★★
Gewürztraminer Jubilée★★
Pinot Gris Jubilée★★
VT★★★, SGN★★★ (Riesling, Pinot Gris, Gewürztraminer)
Pinot Noir Jubilée★★

Andere Weine

Riesling Tradition★★, Muscat Tradition★★, Pinot Gris Tradition★, Gewürztraminer Tradition★, Pinot Blanc★, Riesling★, Gentil★ u.a.

Weinbereitung

Die Weine lagern teils im Stahltank, teils in einem der 200 Holzfässer; der Pinot Noir wird im Barrique ausgebaut.

Stil der Spitzenweine

„Wir suchen Finesse in den Weinen", bekräftigt der dynamische Marc Hugel. Richtig, denn die komplexen, frischen Rieslinge sind trocken und benötigen einige Jahre, bevor sie ihren geschmacklichen Höhepunkt erreichen. Schneller trinkreif ist der „Gentil", Nachfolger von Hugels legendärer Rebsorten-Assemblage „Sporen". (Dieser Grand-Cru-Name darf inzwischen nur noch für reinsortige Weine verwendet werden.) Beim „Gentil" handelt es sich um eine fruchtige Cuvée aus – im wesentlichen – Riesling, Sylvaner und Gewürztraminer, die meilenweit über herkömmliche Edelzwicker hinausragt.

Pioniere des Weinbaus

Während seiner über 350jährigen Geschichte (das Jubiläum wurde 1989 gefeiert) hat das Haus Hugel den elsässischen Weinbau immer wieder entscheidend beeinflußt. So waren es die Hugels, die für die gesetzliche Verankerung der Begriffe Vendanges Tardives und Sélection de Grains Nobles sorgten und für die Einführung der Grands Crus stritten. Jean Hugel, eine der größten Persönlichkeiten des Elsässer Weinbaus, zeigte sich dann aber enttäuscht von der seiner Ansicht nach unverantwortlichen Aufblähung vieler Grands Crus. Und so verzichtet man hier völlig auf die Angabe von Lagen auf den Etiketten. Die Spitzenweine gelangen als Jubilée in den Handel, es folgen die Qualitätsstufen Hugel Tradition und schließlich schlicht

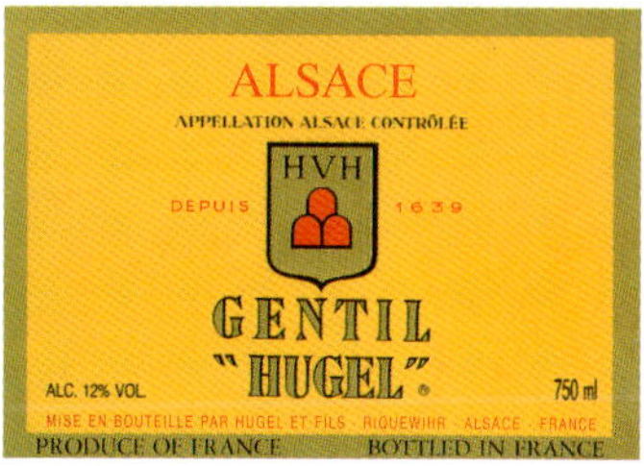

Hugel. Um den Verkauf kümmert sich inzwischen Marc Hugel, die Vinifikation liegt in den Händen des jungen Étienne.

Labyrinth der Fässer

Es ist gar nicht so einfach, die gesamte Weinbereitung im Herzen des denkmalgeschützten Riquewihr vorzunehmen. Alle Trauben müssen durch die engen Gassen zur Annahmestelle gebracht werden, wo sie streng nach Qualität selektioniert werden. Ausgebaut werden die Weine zum großen Teil im Holz – die Batterie der Fässer macht Eindruck –, auch im ältesten noch benutzten Faß der Welt aus dem Jahr 1715. Dieses befindet sich übrigens in einem besseren Zustand als manche wesentlich jüngeren „Kollegen".

Cave Vinicole de Hunawihr

48, Route de Ribeauvillé, F-68150 Hunawihr
Tel. 0033/389736167, Fax 0033/389733395
Winzergenossenschaft

Sie gehört zu den zuverlässigsten Genossenschaften des Elsaß – die Cave Vinicole im Storchendorf Hunawihr.

Die Spitzenweine

Riesling Rosacker★★
Gewürztraminer Rosacker★
Gewürztraminer Froehn★
VT★★, SGN★★ (Riesling, Gewürztraminer)

Andere Weine

Pinot Gris Réserve Personnelle★, Riesling Muehlforst★, Sylvaner★, Pinot Blanc★, Riesling★, Gewürztraminer★, Muscat Réserve Particulière★, Pinot Noir Fût de Chêne★, Crémant★ u.a.

Weinbereitung

Ausbau zumeist in Stahltanks; die Abfüllung wird so spät wie möglich vorgenommen, oft erst nach einem Jahr.

Stil der Spitzenweine

Mineralisch-trocken präsentieren sich die Rieslinge, auch jene von der Grand-Cru-Lage Rosacker, pikant, würzig und dezent süß schmecken die Gewürztraminer von Rosacker und Froehn.

Qualität: ★
Weinbergsfläche: 200 ha
Jährliche Abfüllung: 1,8 Mio.
Preis ab Keller:
Spitzenweine: 2–6
andere Weine: 1–2

Eine junge Genossenschaft

In den Jahren 1954 und 1955 gegründet, zählt die Cave Vinicole de Hunawihr weder zu den ältesten noch zu den größten Winzergenossenschaften im Elsaß. Ohne viel Aufhebens arbeiten Direktor François Bosch und Kellermeister Christophe Naegert an qualitativ hochwertigen Weinen. Selten brauchen die Produkte den Vergleich mit jenen ortsansässiger Winzer zu scheuen. Die Spitzenweine werden nur sehr selten chaptalisiert, gekeltert wird teilweise mit modernen Pneumatikpressen. Nach 1993 und 1995 sind auch die 1996er Weine durchweg gut ausgefallen. Preiswerte Alternative zu den Grands Crus ist der Muehlforst: Die nicht klassifizierte Südlage bringt auch in weniger guten Jahren elegante Rieslinge hervor.

Zentrum des Storchenprogramms

Auf dem Weg von Riquewihr nach Ribeauvillé fahren viele Touristen an Hunawihr vorüber. Sowohl Weinkenner – für gleiche Qualität zahlt man hier wesentlich weniger als in den häufig überlaufenen Nachbarorten – als auch Storchenfreunde sollten diesen Fehler bedauern. In Hunawihr befindet sich das 1976 eröffnete Storchenzentrum, nur 200 Meter vom Genossenschaftsgebäude entfernt. Dank der Arbeit des Zentrums, das im Sommerhalbjahr besichtigt werden kann, gehören die Vögel wieder zum vertrauten Bild elsässischer Dörfer.

Armand Hurst

8, Rue de la Chapelle, F-68230 Turckheim
Tel. 0033/389274022, Fax 0033/389274767
Inhaber: Armand Hurst

Qualität: ★★
Weinbergsfläche: 87 ha
Jährliche Abfüllung: 70.000
Preis ab Keller:
Spitzenweine: 3–6
andere Weine: 1–3

Seine Vorliebe gilt dem Muscat, aber Armand Hurst vernachlässigt auch die übrigen Sorten nicht.

Die Spitzenweine

Riesling Brand Schneckelsbourg★★
Riesling Brand VV★★
Gewürztraminer Brand Cuvée Angélique★★
Muscat Brand Cuvée Aurelie★★
VT★★, SGN★★ (Muscat, Riesling, Pinot Gris, Gewürztraminer)

Andere Weine

Riesling Brand★★, Pinot Gris Brand★★, Gewürztraminer Herrenweg★, Muscat★, Auxerrois★, Pinot Blanc★, Sylvaner★, Pinot Noir VV★, Crémant★, Crémant Rosé★, Crémant Blanc de Noirs★ u.a.

Weinbereitung

Zumeist Verwendung von Reinzuchthefen, Ausbau im Holzfaß. 1994 und 1996 wurde ein Teil des Pinot Noir im Barrique ausgebaut.

Stil der Spitzenweine

Mineralisch, komplex und eher leicht sind die Weine von den

Granitböden der Grand-Cru-Lage Brand. (Von den alten Reben werden selten mehr als 35 hl/ha geerntet.)

Muscat in zwei Versionen

Auf dem Etikett ist nur der Begriff Muscat vermerkt, doch der schelmische Armand Hurst baut stets zwei völlig unterschiedliche Cuvées seiner Lieblingssorte aus – und tut nichts lieber, als deren Unterschiede zu erläutern. Der fruchtige, aprikosenduftige „Muscat" besteht vollständig aus Muscat-Ottonel; der eher florale Aromen ausströmende Muscat Cuvée Aurelie ist ein 100prozentiger Muscat à Petits Grains. Beide Muscats müssen nicht unbedingt ganz jung getrunken werden, sie gewinnen durch ein oder zwei Jahre Reife. Jahrgangsbedingt können die Muscats eine Spur Restsüße aufweisen, 1997 mangelt es ihnen leider etwas an Säure. Armand Hursts Muscat-Beerenauslesen der Jahre 1994 und 1995 zählen zum besten, was von dieser raren Sorte im Elsaß verfügbar ist.

Moderne Kellerei

Irgendwann wurde der uralte, aus dem 14. Jahrhundert stammende Weinkeller im Herzen von Turckheim zu eng. Armand Hurst packte seine sieben Sachen und zog in einen nüchternen Bau vor den Toren der Stadt. Das einzig Alte sind nun die Holzfässer, die zu einem nicht geringen Teil aus der Mitte des 19. Jahrhunderts stammen. Ansonsten dominiert moderne Kellertechnik, allerdings mag Winzer Hurst den Einfluß von Holz nicht missen. Stahltanks dienen nur zum Absetzen des Mostes nach der Kelterung.

JOSMEYER

76, Rue Clemenceau, F-68920 Wintzenheim
Tel. 0033/389279190, Fax 0033/389279199
Inhaber: Familie Meyer

Wie man trotz großer Mengen Qualität erzeugen kann, das beweisen die Meyers seit vielen Jahrzehnten.

Die Spitzenweine

Riesling Hengst★★
Riesling Brand★★
Pinot Gris Brand★★
Gewürztraminer Hengst★★
Auxerrois „H"★★
VT★★★, SGN★★★ (Riesling, Pinot Gris, Gewürztraminer)

Andere Weine

Gewürztraminer Les Folastries★★, Gewürztraminer Herrenweg★★, Gewürztraminer Les Archenets★★, Pinot Gris Le Fromenteau★★, Muscat Les Fleurons★, Riesling Le Kottabe★, Riesling Les Pierrets★, Pinot Blanc Les Lutins★, Pinot Mise du Printemps★, Chasselas★, Pinot Noir★ u.a.

Weinbereitung

Verzicht auf Reinzuchthefen, Ausbau in Holz oder Stahl, Flaschenfüllung vor dem Sommer.

Stil der Spitzenweine

Zarte Rosenaromen kennzeichnen die Gewürztraminer, die –

Qualität: ★★
Weinbergsfläche: 20,5 ha
Jährliche Abfüllung: 350.000
Preis ab Keller:
Spitzenweine: 3–6
andere Weine: 2–5

wie fast alle Weine – trocken ausgebaut werden; die Rieslinge – schlank und mineralisch – rufen geradezu nach dem passenden Essen.

Blumengeschmückter Winzerhof

Export ist eine der Stärken der Domaine Josmeyer: In Japan etwa ist das Weingut mindestens ebenso bekannt wie in Frankreich; auch die US-Amerikaner lieben die Weine aus Wintzenheim. Vielleicht ist dies der Grund für die doch merklich über dem elsässischen Durchschnitt liegenden Preise. Glücklicherweise rechtfertigt die Qualität der ausgezeichneten Grands Crus sowie der Cuvées unter poetischen Namen wie Folastries oder Fromenteau die Tarife. Jean Meyer und Schwiegersohn Christophe Ehrhart sind heute für den 1854 gegründeten Betrieb verantwortlich, dessen Name an Vorfahr Joseph Meyer erinnert. Hinter dem blumengeschmückten Winzerhof verbirgt sich ein modernes Unternehmen, das mit weiträumigen Kelleranlagen aufwartet.

Mise du Printemps

Da die Rieslinge, Pinot Gris und Gewürztraminer (mit Ausnahme der VT und SGN aus guten Jahren) so selbstverständlich trocken sind, wundert es nicht, daß die Gastronomie zu den dankbarsten Abnehmern der Josmeyerschen Weine gehört. Der Auxerrois „H“ (aus der Grand-Cru-Lage Hengst) ist ein sehr komplexes Beispiel, was diese Rebsorte zu leisten vermag; leichter zugänglich ist der im Frühjahr abgefüllte Pinot Mise du Printemps, ein unkomplizierter Pinot Blanc mit charmanter Aprikosennote. Es ist nicht der einzige Wein, der bei den Kunden vieler elsässischer Restaurants einen sensationellen Erfolg verbuchen kann.

Maison Jülg

116, Rue des Églises, F-67160 Seebach
Tel. 0033/388947998
Inhaber: Peter und Lydia Jülg

Qualität: ★
Weinbergsfläche: 5,5 ha
Jährliche Abfüllung: 20.000
Preis ab Keller: 1–2

Ein deutsch-französisches Winzerpaar hat im nordelsässischen Seebach aus dem Nichts ein interessantes Weingut erbaut.

Die Weine

Gewürztraminer★, Sylvaner★, Riesling★, Pinot Gris★, Muscat★, Pinot Blanc★, Pinot Auxerrois★, Pinot Noir★, Crémant★

Weinbereitung

Ausbau im Holzfaß, im Inoxtank oder – ein Teil des Pinot Noir – im Barrique.

Stil der Weine

Durchgegoren, schlank und rebsortentypisch. Von den oft üppigen Weinen des südlichen Elsaß unterscheiden sich die Jülgschen Kreszenzen deutlich – von ihnen trinkt man auch schon mal ein Gläschen mehr. Eine Ausnahme ist der 97er Jahrgang: Die Weine sind mächtig, alkoholreich, mit teilweise natürlicher Restsüße – und schon jung trinkreif.

Ein Deutscher im Elsaß

Eine nicht alltägliche Geschichte, dieses deutsch-elsässische

Winzermärchen. 1993 heiratete der Pfälzer Winzer Peter Jülg die Elsässerin Lydia und zog ins sehenswerte nordelsässische Fachwerkdorf Seebach, wo – wohlgemerkt! – nie ein Rebstock wuchs. Die Weinberge der beiden befinden sich einige Kilometer entfernt, nahe dem Grenzort Wissembourg. Jahrzehntelang wurde der Ertrag, eine Kuriosität infolge des letzten Krieges, vom elterlichen Weingut Jülg im pfälzischen Schweigen gekeltert und als deutscher Wein verkauft. Peter Jülg überließ das Schweigener Gut dem Bruder, zog nach Frankreich und baute im einstigen Bauernhof der Schwiegereltern aus dem Nichts einen neuen Weinbaubetrieb auf. Die Maison Jülg ist, neben der mächtigen Winzergenossenschaft Cave de Cleebourg, das bislang einzige Weingut im elsässischen Norden.

Umfangreiche Pläne

Der Kuhstall wurde zum Weinkeller umgebaut, Lydia und Peter Jülg richteten eine Probierstube ein und haben noch viele Pläne auf Lager. Gibt es derzeit nur eine einheitliche Qualitätslinie, so denken die beiden für die Zukunft über eine Art Réserve nach. Schon bald will der bedächtige Peter Jülg je einen deutschen und französischen Lehrling gemeinsam ausbilden. Wenn das nicht praktiziertes Europa ohne Grenzen ist...

Roger Jung

23, Rue de la 1ère Armée, F-68340 Riquewihr
Tel. 0033/389479217, Fax 0033/389478763
Inhaber: Familie Jung

Qualität: ★★
Weinbergsfläche: 12,5 ha
Jährliche Abfüllung: 90.000
Preis ab Keller:
Spitzenweine: 3–6
andere Weine: 1–2

Er gehört zu den Stilleren im elsässischen Weinbau, der sympathische Roger Jung. Eine der besten Adressen in Riquewihr!

Die Spitzenweine

Riesling Rosacker★★
Riesling Schoenenbourg★★
Riesling Sporen★★
Gewürztraminer Sporen★★
VT★★★, SGN★★★ (Riesling, Pinot Gris, Gewürztraminer)

Andere Weine

Riesling Kronenbourg★★, Pinot Gris Rosenbourg★★, Gewürztraminer Rosenbourg★, Muscat★, Pinot Blanc Les Préludes★, Crémant Chardonnay★★, Crémant Blanc de Noirs★★, Crémant Rosé★★, Crémant★ u.a.

Weinbereitung

Langsame, temperaturkontrollierte Gärung, Ausbau im Stahltank.

Stil der Spitzenweine

Zitronenduftig und mineralisch, komplex und zumeist trocken sind die Rieslinge von *lieux-dits* (nicht klassifizierten Lagen) und Grands Crus, honigwürzig

die Vendanges Tardives. Elegante, aprikosenfruchtige Gewürztraminer.

Ein junges Weingut

Mit jahrhundertelanger Tradition kann die Domaine Roger Jung nicht dienen. Erst 1961 begannen Roger und Marthe mit nur zwei Hektar Reben, nach und nach wurde der Betrieb vergrößert. Bald zogen die Jungs in ein größeres Gebäude am Rande Riquewihrs um und schafften moderne technische Einrichtungen an. Stolz ist der zurückhaltende Roger Jung auf Ganztraubenkelterung mittels der nagelneuen pneumatischen Pressen, überzeugt ist er von der Notwendigkeit eines langsamen Ausbaus seiner Weine. Mittlerweile arbeiten auch die Söhne Rémy und Jacques engagiert im Keller mit, Tochter Anne kümmert sich um die Büroarbeit.

Pionier des Eisweins

Vins de glace haben im Elsaß – anders als in Deutschland – keine Tradition. In der Vergangenheit war es nur dem Zufall und frühem Frost zu verdanken, wenn die Trauben gefroren gelesen werden konnten. Seit wenigen Jahren aber versuchen einige Winzer, gezielt Eisweine zu erzeugen. Roger Jung gehört zu dieser kleinen Schar und brachte am 30. Dezember 1992 einen sagenhaft intensiven Gewürztraminer mit 180 Grad Öchsle in die Kelter: eine SGN – der Begriff *vin de glace* ist im Weingesetz nicht vorgesehen – mit fabelhafter Harmonie von Süße und Säure und faszinierendem Duftspiel exotischer Früchte. Bei solch herausragenden Qualitäten dürfte es nicht mehr lange dauern, bis im Elsaß eine Eisweintradition entsteht!

Domaine Kieffer

76, Route du Vin, F-67140 Itterswiller
Tel. 0033/388855022, Fax 0033/388578091
Inhaber: François und Vincent Kieffer

Qualität: ★
Weinbergsfläche: 7 ha
Jährliche Abfüllung: 35.000
Preis ab Keller: 1–4

Unkomplizierte Weine zu günstigem Preis – das ist das Markenzeichen der Kieffers.

Die Weine

Riesling Fruehmess★★, Riesling Itterswiller★, Gewürztraminer Itterswiller★, Pinot Gris Itterswiller★, Muscat★, Pinot Blanc★, SGN★★ (Gewürztraminer), Pinot Noir★, Crémant★ u.a.

Stil und Ausbau der Weine

Zumeist trocken, rassig und frisch sind die Weine des jungen Vincent Kieffer (fruchtiger und ungemein charmanter Riesling Fruehmess von Sandböden). Restsüße in schmeckbaren Mengen enthalten nur Pinot Gris und Gewürztraminer.

Römische Ursprünge

Gleich mehrere Winzer namens Kieffer beherbergt das blumengeschmückte Fachwerkdorf Itterswiller mit römischen Ursprüngen. Sie alle leiten ihren Namen von der einstigen Tätigkeit als Küfer ab, doch Vincent und François Kieffer erzeugen die vielleicht interessantesten Weine des Ortes.

Cave Vinicole de Kientzheim-Kaysersberg

Rue des Vieux Moulins, F-68240 Kientzheim
Tel. 0033/389471319, Fax 0033/389473438
Winzergenossenschaft

Qualität: ★
Weinbergsfläche: 170 ha
Jährliche Abfüllung: 1,7 Mio.
Preis ab Keller: 1–6

Genossenschaftsdirektor Jean Petitdemange schwört auf schlanke und rebsortentypische Weine.

Die Weine

Gewürztraminer Fürstentum★★, Riesling Schlossberg★★, Gewürztraminer Mambourg★★, Pinot Gris Mambourg★, Gewürztraminer Kaefferkopf★, Muscat Cuvée Reservé★, Sylvaner★, VT★★, SGN★★, Crémant★ u.a.

Stil und Ausbau der Weine

Kelterung auf modernen Pneumatikpressen, temperaturkontrollierte Gärung in Stahltanks und zahlreiche erstklassige Parzellen in Grand-Cru-Lagen sind die Voraussetzungen für schlanke und sortentypische Weine. Pinot Gris und Gewürztraminer (besonders gelungen ist oft jener der Kalklage Fürstentum) weisen in der Regel eine mehr oder weniger deutliche Restsüße auf. Aber auch für Liebhaber trockener Gewächse hält Direktor Jean Petitdemange einiges bereit: etwa den gelungenen Sylvaner.

André Kientzler

50, Route de Bergheim, F-68150 Ribeauvillé
Tel. 0033/389736710, Fax 0033/389733581
Inhaber: André Kientzler

Qualität: ★★★
Weinbergsfläche: 11 ha
Jährliche Abfüllung: 75.000
Preis ab Keller:
Spitzenweine: 3–6
andere Weine: 1–3

Die konzentrierten Rieslinge haben im Elsaß Maßstäbe gesetzt, aber der Auxerrois ist auch nicht zu verachten.

Die Spitzenweine

Riesling Geisberg★★★
Riesling Osterberg★★★
Auxerrois „K“★★
VT★★★, SGN★★★ (Riesling, Pinot Gris, Gewürztraminer)

Andere Weine

Pinot Gris Kirchberg★★, Muscat Kirchberg★★, Gewürztraminer Réserve Particulière★★, Riesling Réserve★★, Riesling★, Pinot Blanc★, Sylvaner★, Chasselas★, Crémant★

Weinbereitung

Ausbau in Holzfässern und – zu einem kleinen Teil – in Stahltanks. Keine Verwendung von Barriques.

Stil der Spitzenweine

Komplex, extraktreich, stahlig und trocken die Rieslinge; aus überreifen Trauben bereitet, extraktreich und häufig dezent süß der Auxerrois „K“. Botrytisgeprägte, vielschichtige SGN.

Hauptsache trocken

Modische Süße ist bei André Kientzler nicht angesagt. Im modernen Weingutsgebäude, inmitten der Reben zwischen Bergheim und Ribeauvillé, werden zumeist trockene Weine ohne jeden Kompromiß erzeugt. André Kientzler lächelt nur, fragt man ihn nach seinem Geheimrezept. Der zurückhaltende Winzer ist kein Dogmatiker, preßt manche Trauben ganz, andere entrappt, verwendet aber nur selten Reinzuchthefen. Leichte Filtration, temperaturkontrollierte Gärung, geringe Erträge und alte Reben sind Faktoren, die entscheidend zur Güte der Weine beitragen. VT und SGN werden, eine Folge ihrer Beliebtheit, nur rationiert abgegeben. Und wenn Kientzler mal wieder mit Eisweinen experimentiert, den *vins de glace,* muß man schon gute Kontakte haben, um von diesen Raritäten ein Fläschchen erwerben zu dürfen...

Auxerrois ohne Lagennamen

Neben dem Riesling gehört André Kientzlers Leidenschaft dem Auxerrois. Aus ihm zaubert der engagierte Erzeuger aus Ribeauvillé einen trockenen, eleganten Wein namens Pinot Blanc sowie den Auxerrois „K", der im Grand Cru Kirchberg wächst. Der 96er entpuppt sich als mächtiger Wein aus überreifen Beeren, er ist deutlich botrytisgeprägt, aber nicht übertrieben süß. Versuche, Auxerrois und Barriqueausbau zusammenzubringen, hat Kientzler wieder aufgegeben – die gemachten Erfahrungen konnten ihn nicht überzeugen.

Klein aux Vieux Remparts

Route du Haut Koenigsbourg, F-68590 Saint-Hippolyte
Tel. 0033/389730041, Fax 0033/389730494
Inhaber: Jean-Marie und Françoise Klein

Qualität: ★
Weinbergsfläche: 8 ha
Jährliche Abfüllung: 50.000
Preis ab Keller:
Spitzenweine: 2–6
andere Weine: 1–3

Die Kleins haben ein Faible für lange gereifte Weine. Und Experimente mit dem Barrique kommen auch nicht zu kurz.

Die Spitzenweine

Riesling Schlossreben★★
Gewürztraminer Schlossreben★★

Andere Weine

Pinot Gris Geisberg★, Muscat★, Riesling Burgreben★, Pinot Blanc★, Chasselas★, Auxerrois★, Rouge de Saint-Hippolyte★, Crémant de Chardonnay★ u.a.

Weinbereitung

Ausbau in Holzfässern, Stahltanks oder Barriques – je nach Erfordernissen.

Stil der Spitzenweine

Aufdringliche Süße? Niemals! Trocken, leicht, mineralisch sind sowohl Riesling als auch der dezente Gewürztraminer.

Treue Stammkunden

Am Rande des malerischen Saint-Hippolyte, an der historischen Stadtmauer, arbeitet das Önologenpaar Klein still und neugierig vor sich hin. Eine

treue Stammkundschaft vertraut auf einen außergewöhnlich freundlichen Empfang samt ausgedehnter Verkostung sowie auf schier endlos lagerfähige Weine, die fast immer durchgegoren ausgebaut werden. Edelsüße Weine sind hier rar, dafür halten die Kleins – er ist ein waschechter Elsässer, sie stammt aus Savoyen – reife Weine in Hülle und Fülle vorrätig. Wie wär's mit einem 83er Muscat mit staubiger Firne, aber noch verblüffend frischer Säure? Wer solche interessanten Raritäten aus den Achtzigern sucht, ist hier an der richtigen Adresse. Zumal in Würde gereifte Weine im Elsaß allgemein leider mühsam aufzutreiben sind, nur wenige Winzer haben derartige Schätze im Angebot.

Ein Bekenntnis zu Experimenten

Ein Pinot Noir, viereinhalb Jahre in Barriques gelagert? Das gibt's nur bei den Kleins, die sich an der Universität von Dijon kennengelernt haben. Der 1990er hat diese rekordverdächtige Lagerzeit im kleinen Holzfaß (100 Prozent neu!) hinter sich und entzieht sich mit deutlichem Faßgeschmack und dichtem Tannin jeder Beurteilung: ein Liebhaberwein, in zehn Jahren erneut zu verkosten. Jean-Marie Klein experimentiert mit Leidenschaft, paßt den Weinausbau den Eigenschaften des Jahrgangs an und lehnt auch bei den weißen Sorten das Barrique nicht grundsätzlich ab. Die Ergebnisse überzeugen oft, aber nicht immer. Doch das Vergnügen eines Besuchs bei den Kleins können auch diese weniger gelungenen Weine nicht trüben.

KLINGENFUS

60, Rue de Saverne, F-67120 Molsheim
Tel. 0033/388380706, Fax 0033/388493247
Inhaber: Antoine und Robert Klingenfus

Weit im elsässischen Norden erzeugt Robert Klingenfus kraftvolle Pinot Gris und Gewürztraminer. Alle Achtung!

Die Spitzenweine

Gewürztraminer Bruderthal★★
Pinot Gris Bruderthal★★
Riesling Bruderthal★★
VT★★, SGN★★★ (Riesling, Pinot Gris, Gewürztraminer)

Andere Weine

Gewürztraminer Clos des Chartreux★, Gewürztraminer Pur Sang Bugatti★, Riesling Clos des Chartreux★, Muscat Clos des Chartreux★, Pinot Gris Clos des Chartreux★, Pinot Noir★, Crémant Chardonnay★, Crémant Riesling★ u.a.

Weinbereitung

Temperaturkontrollierte Gärung, Ausbau im Holzfaß, späte Flaschenfüllung.

Stil der Spitzenweine

Pinot Gris und Gewürztraminer erreichen eine wahrlich beachtliche Komplexität. Extrakt und pikante Säure polstern die häufig vorhandene Restsüße ab.

Qualität: ★★
Weinbergsfläche: 15 ha
Jährliche Abfüllung: 120.000
Preis ab Keller:
Spitzenweine: 3–6
andere Weine: 1–3

Kurzer Anschnitt selbstverständlich

Wie ein jovialer Weinbauer der alten Schule wirkt der immer zu Scherzen aufgelegte Robert Klingenfus. Von Vater Antoine hat er die Verantwortung für die Vinifikation übernommen, doch die Finessen des Marketings beherrscht er auch. Kurzer Anschnitt der Reben, Auslichtung der Trauben im Sommer, Ganztraubenpressung und späte Abfüllung sind für Klingenfus ebenso selbstverständlich wie kulinarische Weinproben für seine Kunden. Den 94er Gewürztraminer Grand Cru Bruderthal (von alten Reben) empfiehlt der Winzer zu gebratener Lammkeule. Kein leichtfertiger Ratschlag: Tatsächlich duftet der Wein beim genauen Hinriechen ein wenig nach Bratenjus!

Ettores Gewürztraminer

Charles Klingenfus, der Großvater, hat den legendären Autokonstrukteur Ettore Bugatti höchstpersönlich mit Wein beliefert. Der italienische Wahl-Molsheimer, dem heute sogar ein Museum inmitten des Ortes gewidmet ist, soll den Gewürztraminer einmal in den Tank seines Wagens geschüttet und damit das Rennen von Le Mans gewonnen haben. Eine Legende? Merkwürdigerweise enttäuscht ausgerechnet der Bugatti gewidmete Gewürztraminer Pur Sang. Dann lieber ein Schluck der gewaltigen 94er Pinot Gris SGN mit 15 Prozent Alkohol. Oder ein Gläschen von den gut gelungenen Crémants aus Chardonnay oder Riesling, die mit ihren nur dezenten Hefenoten perfekt als Aperitif geeignet sind.

KLIPFEL

6, Avenue de la Gare, F-67140 Barr
Tel. 0033/388585900, Fax 0033/388085318
Inhaber: Andrée und André Lorentz Klipfel

Qualität: ★
Weinbergsfläche: 40 ha
Jährliche Abfüllung: 1,5 Mio.
Preis ab Keller: 1–6

Es ist schon verblüffend, mit welcher Zielstrebigkeit das Handelshaus seinen Weg hin zur Qualität verfolgt.

Die Weine

Gewürztraminer Kirchberg Clos Zisser**, Riesling Kirchberg**, Pinot Gris Kirchberg*, Riesling Kastelberg*, Muscat Kirchberg*, Pinot Blanc*, Klevener de Heiligenstein*, Rouge de Barr*, Crémant* u.a.

Stil und Ausbau der Weine

Eine Vielzahl an Weinen wird in der modernen Kellerei der Familie Klipfel erzeugt, teilweise noch in ehrwürdigen Holzfässern oder – der Pinot Noir Rouge de Barr – in *pièces de chêne* (kleine Eichenholzfässer). Prestigelage der 1824 gegründeten Weinfirma ist der zum Grand Cru Kirchberg gehörende Clos Zisser. Der Gewürztraminer aus diesem Rebhang wird, selbst als Vendange Tardive, zu einem angemessenen Preis abgegeben. Vom Haus Klipfel wird, quasi nebenbei, auch die bekannte Handelsmarke André Lorentz produziert.

Pierre Koch

2, Route des Vins, F-67680 Nothalten
Tel. 0033/388924230, Fax 0033/388926291
Inhaber: Pierre und François Koch

Qualität: ★
Weinbergsfläche: 11 ha
Jährliche Abfüllung: 75.000
Preis ab Keller: 1–2

Von der elsässischen Mode leicht süßer Weine lassen sich die Kochs nicht in ihrem Stil beirren.

Die Weine

Riesling Wiebelsberg★★, Riesling Muenchberg★★, Riesling Zellberg★, Sylvaner Zellberg★, Pinot Blanc★, Muscat★, Gewürztraminer★, Rouge de Nothalten★, Crémant★, Crémant Rosé★ u.a.

Stil und Ausbau der Weine

In Holzfässern oder Stahltanks reifen die trockenen, mineralischen und eher leichten Weine. Die Vorliebe der Kochs gehört den Rieslingen und dem Sylvaner von der unklassifizierten Lage Zellberg. Aus diesen Rebsorten erzeugen sie ihre interessantesten Weine.

Süße ist ein Fremdwort

Riesling und Restzucker? Nicht bei den Kochs. Selbst im Rekordjahrgang 1997 bauten der bedächtige Pierre und Sohn François trockene Weine aus. Dem fruchtigen Crémant Rosé, nach Bedarf degorgiert, steht die geringe Dosage gut.

Koeberlé-Kreyer

28, Rue du Pinot Noir, F-68590 Rodern
Tel. und Fax 0033/389730055
Inhaber: Familie Kreyer

Qualität: ★
Weinbergsfläche: 91 ha
Jährliche Abfüllung: 85.000
Preis ab Keller: 1–5

Potential ist vorhanden – wie der Pinot Gris zeigt –, doch nicht alle Weine gelingen gleichmäßig gut.

Die Weine

Pinot Gris Gloeckelberg★★, Riesling VV★, Riesling Silberberg★, Riesling Moenschreben★, Muscat VV★, Gentil★, Pinot Noir VV★ u.a.

Stil und Ausbau der Weine

Das unauffällige Weingut erzeugt schon seit Jahren einen gleichmäßig guten, eleganten Pinot Gris von der Grand-Cru-Lage Gloeckelberg. Probierenswert sind aber auch die verschiedenen Rieslinge, teilweise in Stahltanks, teilweise in Holzfudern ausgebaut. Als Gentil kam 1994 erstmals eine süffige Cuvée aus Riesling, Pinot Gris und Gewürztraminer auf den Markt, die den meisten elsässischen Edelzwickern überlegen ist. Obwohl das abseits der Weinstraße gelegene Rodern für seine Pinot Noirs bekannt ist, konnten die hier verkosteten Sorten nicht überzeugen. Dafür fielen die Jahrgänge 1996 und 1997 im Weißweinbereich gut aus.

Charles Koehly

36, Rue du Pinot Noir, F-68590 Rodern
Tel. 0033/389730061, Fax 0033/389730538
Inhaber: Christian Koehly

Christian Koehly ist ein kreativer Kopf und Qualitätsfanatiker. Seine trockenen und eleganten Weine machen Furore.

Die Spitzenweine

Riesling Altenberg★★
Pinot Gris Gloeckelberg★★
Gewürztraminer Altenberg★★
Gewürztraminer Gloeckelberg★★
VT★★★, SGN★★★ (Riesling, Pinot Gris, Gewürztraminer)

Andere Weine

Pinot Gris Altenberg★★, Riesling Saint-Hippolyte★★, Pinot Gris Saint-Hippolyte★★, Gewürztraminer Saint-Hippolyte★★, Muscat★, Pinot Blanc★; Pinot Noir de Rodern★★, Pinot Noir★, Crémant★ u.a.

Weinbereitung

Ausbau in Holzfässern oder Stahltanks, keine Barriqueverwendung.

Stil der Spitzenweine

Perfekt ausbalancierte Säurestruktur, da fällt die hier und dort vorhandene Restsüße gar nicht auf. Die Pinot Gris verblüffen mit Aromen nach Mangos

Qualität: ★★
Weinbergsfläche: 12,5 ha
Jährliche Abfüllung: 80.000
Preis ab Keller:
Spitzenweine: 3–6
andere Weine: 2

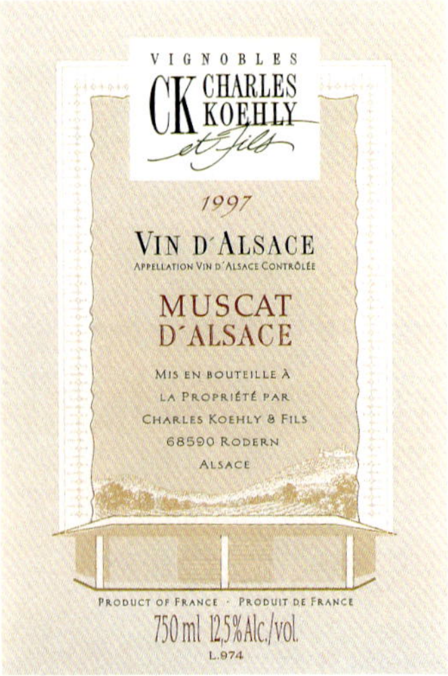

und Ananas; die Traminer beeindrucken mit dichten Lycheenoten. Ihre satte Fruchtigkeit und reifes Tannin verdanken die Pinot Noirs bis zu 21 Tagen Maischegärung.

Hefelagerung und Batonnage

Christian Koehly, der talentierte junge Winzer aus Rodern, ließ 1997 seine Trauben frühzeitig einbringen. So vermied er alkoholdominierte Mammutweine und erzeugte statt dessen lagerfähige Gewächse mit pikanter Säure. Im zweckmäßigen neuen Kellereigebäude am Ortsrand von Bergheim baut Koehly mit Sorgfalt seine häufig sensationellen Rieslinge, Pinot Gris und Gewürztraminer aus. Die unter dem Ortsnamen Saint-Hippolyte vermarkteten Weine sind stets durchgoren und perfekt als Begleiter zum Essen geeignet, Grands Crus können schon mal eine Nuance Restzucker aufweisen. Christian Koehly experimentiert mit verschiedenen Rieslingklonen und hat die Behandlungsmittel im Weinberg auf ein Minimum reduziert. Lange Lagerung auf der Hefe sowie regelmäßige Batonnage verhelfen den Weinen zu Eleganz und Komplexität. Behält Christian Koehly seine Linie bei (wer wollte daran zweifeln?), könnte er im elsässischen Weinbau schon bald neue Maßstäbe setzen.

Hospices de Strasbourg

„Der Elsässer Wein braucht eine Vitrine.“ Dieser Meinung waren Mitte der neunziger Jahre einige engagierte Weinerzeuger, unter ihnen Pierre Sparr und Christian Koehly, der bereits mit 34 Jahren zeitweise den Posten des Vorsitzenden des elsässischen Winzerverbandes übernahm. So entstand die Idee von den Hospices de Strasbourg, nach dem Vorbild der berühmten Hospices de Beaune. In dem 600 Jahre alten Weinkeller im Herzen der elsässischen Metropole werden spezielle Cuvées der beteiligten Winzer ausgebaut. Christian Koehly ist auch bei diesem Projekt mit ganzem Herzen (und tollen Weinen) beteiligt.

Marc Kreydenweiss

12, Rue Deharbe, F-67140 Andlau
Tel. 0033/388089583, Fax 0033/388084116
Inhaber: Marc Kreydenweiss

Qualität: ★★★
Weinbergsfläche: 12 ha
Jährliche Abfüllung: 55.000
Preis ab Keller:
Spitzenweine: 3–6
andere Weine: 3

Der biodynamisch arbeitende Marc Kreydenweiss brach in den achtziger Jahren mit den Traditionen des Elsässer Weinbaus.

Die Spitzenweine

Pinot Gris Moenchberg★★★
Riesling Kastelberg★★★
Riesling Wiebelsberg★★
Klevner Kritt★★
Clos du Val d'Eléon★★
VT★★★, SGN★★★ (Riesling, Pinot Gris, Gewürztraminer)

Andere Weine

Riesling Wiebelsberg Jeunes Vignes★★, Pinot Blanc Kritt★★, Gewürztraminer Kritt★★, Muscat Clos Rebgarten★★, Pinot Gris Lerchenberg★★, Pinot Noir Andlau★★

Weinbereitung

Die Gärung erfolgt temperaturkontrolliert bei 18–20° C, die Weine lagern auf Feinhefen in Holzfässern bis zur Abfüllung im Sommer.

Stil der Weine

Filigran, schlank, duftig sind die Rieslinge, bereits jung harmonisch und regelmäßig trocken.

Mit fast cremiger Nase, saftiger, pikanter Säure und einer leichten, eleganten Struktur präsentiert sich der Clos du Val d'Eléon aus Riesling und Pinot Gris, dezent süß und aprikosenfruchtig der Klevner Kritt.

Philosoph im Weinberg

1982, elf Jahre, nachdem Marc Kreydenweiss das Familiengut vom Vater übernommen hatte, warf der junge Winzer das Ruder herum. Nach einer denkwürdigen Weinprobe in London erkannte der damals 34jährige Kreydenweiss verblüfft, daß es noch eine Weinwelt jenseits der ausgetretenen elsässischen Pfade gab. Zurückgekehrt nach Andlau, reduzierte er die Erträge, begann, mit Milchsäuregärung (Biologischer Säureabbau) und Barriqueausbau zu experimentieren. Im Laufe der Zeit entstand eine Vielzahl überraschender (und überraschend guter) Weine. Kreydenweiss entwickelte sich zum Motor des elsässischen Weinbaus der achtziger Jahre. Chaptalisierung ist hier längst ein Fremdwort, 1990 wurde der Betrieb komplett auf biodynamische Bewirtschaftung umgestellt. „Ein Wein", so philosophiert Marc Kreydenweiss, „erhält seinen Charakter durch den Gestaltungswillen des Menschen." Gestaltet werden auch

die schönen Etiketten – etwa vom Elsässer „Nationalkünstler" Tomi Ungerer.

Kreszenzen mit Pfiff

Kreszenzen wie der Klevner aus der Lage Kritt (aus überreifen Trauben gewonnener Auxerrois) oder der Clos du Val d'Eléon (eine Cuvée aus 70 Prozent Riesling und 30 Prozent Pinot Gris mit malolaktischer Gärung) genießen inzwischen zu Recht Ruhm. Der Pinot Noir erhält durch mehrtägige Kaltmazerierung (Standzeit zur Verbesserung der Farb- und Aromenausbeute) und anschließende kurze Maischegärung satte Fruchtnoten. Stars des Betriebes aber sind und bleiben natürlich die weißen Sorten. Schließlich machen auch die luftig-elegante Probierstube – fernab jeglicher Folklore – und der höfliche Empfang durch Marc oder seine Frau Emanuelle einen Besuch in Andlau lohnend.

KUENTZ-BAS

14, Route du Vin, F-68420 Husseren-les-Châteaux
Tel. 0033/389493024, Fax 0033/389492339
Inhaber: Christian Bas

Den schönsten Blick übers Elsaß hat Christian Bas im hochgelegenen Husseren-les-Châteaux – und einige der besten Weine dazu.

Die Spitzenweine

Riesling Pfersigberg★★
Gewürztraminer Eichberg★★
VT Cuvée Caroline★★
(Riesling, Pinot Gris)
SGN Cuvée Jeremy★★★
(Pinot Gris, Gewürztraminer)

Andere Weine

Gewürztraminer Réserve Personnelle★★, Pinot Gris Réserve Personnelle★★, Riesling Réserve Personnelle★, Muscat Réserve Personnelle★, Sylvaner★, Pinot Blanc★, „KB" de Kuentz-Bas★, Pinot Noir★, Crémant★ u.a.

Weinbereitung

Alle Weine aus eigenem Lesegut (Réserve Personnelle und Grand Cru) werden in Holzfässern ausgebaut.

Stil der Spitzenweine

Schlank, trocken und mineralisch der Riesling, mit dezenten Nektarinen-, oft auch Lebku-

Qualität: ★★
Weinbergsfläche: 12 ha
Jährliche Abfüllung: 400.000
Preis ab Keller:
Spitzenweine: 4–6
andere Weine: 1–3

chenaromen der Gewürztraminer. VT und SGN, nur in raren Jahrgängen erzeugt, verbinden samtige Süße und dezente Botrytistöne – die 89er und 90er sind nach wie vor exzellent.

Langsame Reifung

Im höchstgelegenen Weindorf des Elsaß reifen die Weine langsam, frischer Wind sorgt für pikante Säure auch in Ausnahmejahrgängen. Also reüssierte das Haus Kuentz-Bas 1997 besonders – was nicht heißen soll, die 96er wären weniger gelungen. Zur Feier des 200jährigen Bestehens des Gutes 1995 erzeugte Christian Bas eine einmalige Cuvée Bicentennaire, die qualitativ den Grands Crus nahekommt. Selten herausragend, aber immer zuverlässig ist die Cuvée Tradition, die Basis-Gütestufe aus zugekauften Trauben. Unter dem griffigen Namen „KB" wird eine süffige Cuvée aus Sylvaner, Pinot Blanc und Riesling vertrieben. Wie bei anderen Betrieben hat sich auch hier der Begriff Edelzwicker überlebt.

Modernes Marketing

Christian Bas, der während einer Tätigkeit im Pfälzer Weingut Bürklin-Wolf die deutschen Rieslinge schätzen lernte, begnügt sich nicht mit der Herstellung guter Weine. Ohnehin ist für die Vinifikation sein Cousin Jacques Weber verantwortlich, der stets fröhliche Christian Bas engagiert sich eher im Marketing, verleiht alljährlich einen Preis an junge französische Gastronomen und wird nicht müde, sich um die Zukunft des elsässischen Weinbaus Gedanken zu machen.

Seppi Landmann

20, Rue de la Vallée, F-68570 Soultzmatt
Tel. 0033/389470933, Fax 0033/389470699
Inhaber: Seppi Landmann

Qualität: ★
Weinbergsfläche: 8 ha
Jährliche Abfüllung: 70.000
Preis ab Keller:
Spitzenweine: 4–6
andere Weine: 1–4

Man liebt sie oder man liebt sie nicht – Seppi Landmanns expressive Weine lassen niemanden kalt.

Die Spitzenweine

Gewürztraminer Zinnkoepflé★★
Pinot Gris Zinnkoepflé★★
VT★★, SGN★★ (Riesling, Pinot Gris, Gewürztraminer)

Andere Weine

Riesling Zinnkoepflé★, Riesling Vallée Noble★, Pinot Gris Vallée Noble★, Muscat Vallée Noble★, Sylvaner Vallée Noble★, Pinot Noir★, Pinot Noir Rosé★, Crémant★ u. a.

Weinbereitung

Ausbau ausschließlich in Stahltanks oder Barriques.

Stil der Spitzenweine

Trocken, mineralisch, ausdrucksstark sind Seppi Landmanns Weine. Vor allem der Riesling entwickelt im Alter einen deutlichen Petrolton. Selbst VT und SGN sind eher trocken, Fans von üppigen Süßweinen werden – mit Ausnahme des Jahrgangs 1997 – enttäuscht sein.

Original mit Ideen

Landmann Seppi (wie er sich gern nennt) ist ein Original. Ein Besuch in dem Weingut im Ortszentrum von Soultzmatt ist stets ein Erlebnis: Man muß einfach dabeigewesen sein, wenn der zwischen seinen Stahltanks herumwieselnde Winzer über Wein und die aktuelle Politik plaudert und ganz nebenbei drei Dutzend Weine aus den letzten zehn Jahrgängen einschenkt. Der nach eigenem Bekenntnis überzeugte Alt-68er produziert in kleinen Mengen – und mit anarchischer Begeisterung – Weine gegen das Gesetz *(hors la loi)*. Das kann schon mal ein Sylvaner in Vendange-Tardive-Qualität sein (im Weinrecht nicht vorgesehen), ein Eiswein *vin de glace* oder ein Gewürztraminer mit Barriquereifung. Solche Experimente können gelingen – oder auch nicht. Und falls ja, zahlt man gern die nicht ganz niedrigen Preise. Niemand weiß so genau, was Landmann im nächsten Herbst alles einfallen wird. Aber genau aus diesem Grund lieben ihn seine Fans.

Vallée Noble

Das edle Tal trägt seinen Namen zu Recht. Der Kessel von Soultzmatt bietet ausgezeichnete klimatische Bedingungen: viel Wärme, hohe Sonnenscheindauer. Durch eine Lücke zwischen den Hügeln weht häufig eine kühle Brise vom Petit Ballon herunter – Fäulnisprobleme sind praktisch unbekannt in diesem Gebiet. Für Gewürztraminer und Pinot Gris ist der Zinnkoepflé besonders bekannt, aber auch der Riesling kann auf dem über 400 m hohen Berg ausgezeichnete Qualitäten hervorbringen.

Gustave Lorentz

35, Grand' Rue, F-68750 Bergheim
Tel. 0033/389732222, Fax 0033/389733049
Inhaber: Charles Lorentz

Qualität: ★★
Weinbergsfläche: 32 ha
Jährliche Abfüllung: 1,8 Mio.
Preis ab Keller:
Spitzenweine: 3–6
andere Weine: 2–3

Unter den elsässischen négociants *besitzen nicht viele ein so ausgeglichenes Qualitätsniveau wie dieser Betrieb im beschaulichen Bergheim.*

Die Spitzenweine

Riesling Altenberg★★
Riesling Kanzlerberg★★
Pinot Gris Altenberg★★
Gewürztraminer Altenberg★★
Muscat Altenberg★★
VT★★, SGN★★★ (Riesling, Pinot Gris, Gewürztraminer)

Andere Weine

Gewürztraminer Trois Epis★, Muscat Trois Epis★, Riesling Trois Epis★, Pinot Gris Trois Epis★, Pinot Noir Trois Epis★, Crémant★ u.a.

Weinbereitung

Hinter der schmucken Fassade im Winzerdörfchen Bergheim verbirgt sich eine moderne Kellerei mit großen Tanks und Holzfässern. Die Spitzenweine werden – mit Ausnahme des frisch zu genießenden Muscat – jahrelang in der Flasche gelagert, bevor sie in den Verkauf gelangen.

Stil der Spitzenweine

Mit Ausnahme der wahrlich gewaltigen edelsüßen Weine – die Riesling Vendanges Tardives von 1988 und 1989 nähern sich dem geschmacklichen Höhepunkt – sind die Spitzencuvées eher elegant als üppig – wenngleich nicht durchweg völlig trocken.

Aus bescheidenen Anfängen…

… entstand einer der größeren *négociants* des Elsaß. Aber im Gegensatz zum malerischen Winzerdörfchen Bergheim, in dem die Zeit still zu stehen scheint, hat sich im Haus Lorentz einiges getan. Die eigene Rebfläche wurde Schritt für Schritt ausgeweitet, heute besitzt der 1836 gegründete Betrieb 32 Hektar, davon sage und schreibe zwölf im renommierten Grand Cru Altenberg de Bergheim. Die Weine des Hauses sind verbreitet in Handel und Gastronomie – und beileibe nicht nur in Frankreich, sondern in aller Welt.

Vielzahl von Cuvées

Ob es unbedingt notwendig ist, gleich sechs verschiedene Qualitätslinien zu vermarkten? Angesichts der Vielzahl der erzeugten Cuvées verliert man fast den Überblick. Während die einfachsten Weine als „millésimé“ verkauft werden, steigern sich Güte (und Preis) bei Réserve, Cuvée Particulière und Cuvée des Trois Epis sowie den mit Siegeln der Confrérie de Saint-Étienne prämierten Sorten. Immer top sind die Grands Crus von Altenberg und Kanzlerberg, zu den besten Muscats weit und breit gehört jener vom Altenberg. VT sowie SGN – die besten werden als Réserve Exceptionnelle du Domaine deklariert – sind ebenfalls unbedingt empfehlenswert.

Jean-Luc Mader

13, Grand' Rue, F-68150 Hunawihr
Tel. 0033/389738032, Fax 0033/389733122
Inhaber: Jean-Luc Mader

Einer jener jungen Winzer, die beinahe im verborgenen überdurchschnittliche Weine erzeugen.

Die Weine

Riesling Rosacker★★, Pinot Gris Cuvée Théophile★★, Gewürztraminer Cuvée Théophile★★, Riesling Muhlforst★, Pinot Gris★, Sylvaner★, VT★★, SGN★★ u. a.

Stil und Ausbau der Weine

Lust auf Riesling ohne modisch gestoppte Gärung, ohne jeden Anflug von Süße (außer in herausragenden Jahrgängen)? Dann ist dieses kleine, nur wenigen Kennern geläufige Weingut eine Alternative zu berühmteren Adressen. Der junge Jean-Luc Mader, ein studierter Önologe, führt das Weingut in der Ortsmitte des Storchendorfes Hunawihr seit Anfang der achtziger Jahre. Die Weine besitzen ein gutes Preis-Leistungs-Verhältnis, eine fast durchweg bewundernswerte Komplexität sowie Reifepotential – und verwundert fragt man sich, warum der Betrieb keinen höheren Bekanntheitsgrad erlangen konnte ...

Qualität: ★
Weinbergsfläche: 6,5 ha
Jährliche Abfüllung: 50.000
Preis ab Keller: 1–4

Frédéric Mallo

2, Rue Saint-Jacques, F-68150 Hunawihr
Tel. 0033/389736141, Fax 0033/389736846
Inhaber: Dominique Mallo

Keine Revolution im Weinkeller, aber konzentrierte Qualitätsarbeit. Dominique Mallo zählt zu den aufstrebenden Winzern.

Die Spitzenweine

Riesling Rosacker VV★★
Pinot Gris Rosacker VV★★
Gewürztraminer Rosacker★★
Gewürztraminer Mandelberg★★
VT★★, SGN★★★ (Pinot Gris, Gewürztraminer)

Andere Weine

Riesling Rosacker★★, Pinot Gris Réserve Particulière★, Riesling Muhlforst★, Riesling Réserve★, Muscat Réserve★, Sylvaner VV★, Pinot Blanc★, Gewürztraminer Réserve★, Pinot Noir★, Crémant★ u.a.

Weinbereitung

Die Vergärung erfolgt mit traubeneigenen Hefen, der Ausbau zumeist in großen Holzfässern, der Lagerung auf der Feinhefe folgt die Flaschenfüllung im September. „Nur aus Spaß“, so Dominique Mallo, versucht er sich auch am Barrique. Erste Versuche mit dem Pinot Noir sind vielversprechend.

Qualität: ★★
Weinbergsfläche: 7 ha
Jährliche Abfüllung: 50.000
Preis ab Keller:
Spitzenweine: 3–6
andere Weine: 1–2

Stil der Spitzenweine

Komplex, trocken, mit betonter Säure – der Riesling Rosacker beginnt nach vier, fünf Jahren zu mineralisieren (ein 90er beeindruckt mit schier unendlicher Länge).

Nicht im Rampenlicht

Der fröhliche junge Dominique Mallo ist keiner jener Winzer, auf die sich Journalisten aus aller Welt stürzen. Anders als manche Kollegen sucht er nicht die Aufmerksamkeit der Öffentlichkeit. Dabei müssen sich seine Weine keineswegs verstecken. Geringe Erträge von alten Reben (in den Grand Cru-Lagen kaum über 50 hl/ha), Ganztraubenkelterung auf den pneumatischen Pressen und schonende Filtration sind die Grundlagen für stets zuverlässige, manchmal herausragende Gewächse. Wer nach Schnäppchen sucht und ohne Riesling leben kann, greift zum kernigen Sylvaner Vieilles Vignes mit ungewöhnlicher Extraktfülle.

Mineralischer Duft

Vielleicht produziert Dominique Mallo die typischsten aller Hunawihrer Rieslinge. Die Grand-Cru-Lage Rosacker, eine nährstoffreiche Hügellage oberhalb der berühmten (und sehenswerten!) Wehrkirche des kleinen Weindorfes, ist weniger berühmt als Nachbarlagen wie Schoenenbourg oder Sporen. Rieslingweine aus dem Rosacker, der nach den einst verbreiteten Heckenrosen benannt ist, entfalten jung nur dezente Aromen, entwickeln sich aber zu eindrucksvoller mineralischer Fülle. Hier heißt es abwarten...

Domaine Albert Mann

13, Rue du Château, F-68920 Wettolsheim
Tel. 0033/389806200, Fax 0033/389803423
Inhaber: Maurice und Jacky Barthelmé

Nicht in folkloristischen Holzfässern, sondern in blitzenden Edelstahltanks erzeugen die Brüder Barthelmé herausragende Weine.

Die Spitzenweine

Riesling Schlossberg★★★
Pinot Gris Hengst★★★
Pinot Gris Fürstentum★★★
Gewürztraminer Steingrübler★★★
Gewürztraminer Fürstentum★★★
Riesling Fürstentum★★
VT★★★, SGN★★★ (Riesling, Pinot Gris, Gewürztraminer)

Andere Weine

Riesling Altenbourg★★, Riesling Rosenberg★★, Pinot Gris VV★★, Muscat★, Auxerrois VV★★, Auxerrois★, Sylvaner★, Riesling Wettolsheim★, Pinot Noir VV★★, Crémant★ u.a.

Weinbereitung

Ausbau im Edelstahltank, nur der Pinot Noir Vieilles Vignes reift im Barrique.

Stil der Spitzenweine

Die Weine sind von dichten, reifen (und nicht selten überreifen) Fruchtnoten geprägt. Die

Qualität: ★★★
Weinbergsfläche: 18 ha
Jährliche Abfüllung: 140.000
Preis ab Keller:
Spitzenweine: 3–6
andere Weine: 2–3

besten sind ungeheuer komplex und häufig mit einer Portion perfekt eingebundenem Restzucker ausgestattet. VT oder SGN duften, von Botrytis geprägt, nach Mango, kandierter Ananas oder Honig.

Keine Dogmen im Keller

„Si le vin arrête, il arrête", sagt Maurice Barthelmé. Stoppt die mit natürlichen Hefen eingeleitete Gärung, so hilft er nicht mit Reinzuchthefen nach. Und das wiederum bedeutet zwangsläufig, daß dann und wann (etwa 1997) die Rieslinge nicht durchgängig trocken sind. Enorme Konzentration weisen nicht nur die vermeintlichen noblen Rebsorten auf, auch aus Auxerrois oder Sylvaner keltern die Barthelmés faszinierende Weine. Kurzer Anschnitt, Ganztraubenpressung und Lagerung auf den Hefen bis zum September sind die Voraussetzungen für so extraktreiche Kreszenzen. Gelesen wird in erster Linie mit Blick auf die Säuren – 1996 warteten die Barthelmés bis zum November, 1995 und 1997 fand die Ernte früher statt, um Rasse und Frucht zu bewahren. Kein Zweifel, die Domaine Albert Mann hat sich unverrückbar in der ersten Reihe der elsässischen Weingüter etabliert. Nur im Jahrgang 1995 wurde der Ausnahmeriesling „Cuvée Antoine" erzeugt.

Branchenfremder Winzer

Maurice Barthelmé, Albert Manns Schwiegersohn, ist eigentlich gelernter Metzger. Aber sind es nicht oft die Branchenfremden, die für die interessantesten Weine sorgen? Man denke, nur ein Beispiel, an den Seemann Jean-Claude Beck aus Dambach. Während Maurice für den Verkauf zuständig ist, kümmert sich Bruder Jacky um die Vinifikation. Welche übrigens nicht in einem romantischen Faßkeller, sondern in einem modernen und nüchternen Gebäude am Rande von Wettolsheim abläuft: Folklore sucht man bei den Barthelmés vergebens.

Domaine des Marronniers

5, Rue de la Commanderie, F-67140 Andlau
Tel. 0033/388089320, Fax 0033/388084559
Inhaber: Guy und Martha Wach

Im Schatten alter Kastanienbäume erzeugt Guy Wach kraftvolle Rieslinge und konzentrierte Gewürztraminer.

Die Spitzenweine

Riesling Kastelberg★★ (als VV★★)
Riesling Moenchberg★★
Pinot Gris VV★
Gewürztraminer VV★
Riesling Kastelberg VT★★, SGN★★
Gewürztraminer VT★★

Andere Weine

Andlau Riesling★, Andlau Muscat★, Pinot Gris★, Gewürztraminer★, Klevner★, Sylvaner Duttenberg★, Pinot Noir Cuvée Saint-Hubert★, Crémant★ u. a.

Weinbereitung

Der Ausbau in Holzfässern ist Trumpf in diesem Betrieb.

Stil der Spitzenweine

Jene zehn, zwölf Gramm Restzucker, die nach der Gärung in den Riesling Grands Crus verbleiben, sind kaum zu schmecken; die Weine strotzen vor Kraft, zeigen Ansätze von Überreife. Gewürztraminer duften oft nach Lebkuchen oder Nelken.

Qualität: ★
Weinbergsfläche: 7 ha
Jährliche Abfüllung: 45.000
Preis ab Keller:
Spitzenweine: 3–6
andere Weine: 1–2

Ausgewogene Weine

Nach filigranen Weinen sollte man bei Guy und Martha Wach nicht fragen. In diesem kleinen, sympathischen Betrieb, nicht weit vom Ortszentrum Andlau entfernt, schätzt man die etwas ausladendere Art von Rieslingen, Pinot Gris und Gewürztraminern. Was jedoch nicht heißen soll, daß die verschiedenen Sorten zuckrig süß oder übertrieben alkoholisch schmeckten. Familie Wach, zu der auch Tochter Céline gehört, legt Wert auf ausgewogene Weine, die durchaus gute Essensbegleiter sind.

Einzigartige Schieferlage

Unter den Cuvées der 1888 gegründeten Domaine des Marronniers fällt der Riesling vom Kastelberg besonders auf. Dieser schon im 11. Jahrhundert erwähnte Grand Cru ist die einzige klassifizierte Lage im Elsaß, die sich eines Schieferbodens rühmen kann. Der hier geerntete Riesling wirkt stets schlanker, mineralischer als sein Pendant vom Moenchberg (Kalk-Ton-Mergel-Mischung). Guy Wachs Reben besitzen teilweise ein Alter von 70 Jahren und liefern entsprechend niedrige Erträge – manchmal wird eine Cuvée Vieilles Vignes separat ausgebaut. Geringe Mengen ergeben auch die Pinot-Noir-Reben für die konzentrierte Cuvée Saint-Hubert (1996 nur 12 hl/ha). Doch die Stärke des Betriebs liegt zweifellos bei den weißen Sorten.

Domaine Julien Meyer

14, Route du Vin, F-67680 Nothalten
Tel. 0033/388926015, Fax 0033/388924775
Inhaber: Marie-Josée und Patrick Meyer

Vom simplen Sylvaner bis zur Sélection de Grains Nobles – Patrick Meyers Weine sind stets außergewöhnlich.

Die Spitzenweine

Riesling Muenchberg★★★
Pinot Gris Fanny Elisabeth★★★
Gewürztraminer Cuvée des Pucelles★★
VT★★★, SGN★★★ (Pinot Gris, Gewürztraminer)
Crémant Millesime★★

Andere Weine

Riesling Grittermatte★★, Gewürztraminer Heissenberg★★, Gewürztraminer Fronholz★★, Muscat Petite Fleur★★, Sylvaner Zellberg★, Klevner★, Riesling Zellberg★, Riesling★, Pinot Noir Pierres Chaudes★★, Pinot Noir Barrique★★, Crémant Rosé★★, Crémant★

Qualität: ★★★
Weinbergsfläche: 8 ha
Jährliche Abfüllung: 60.000
Preis ab Keller:
Spitzenweine: 2–6
andere Weine: 1–2

Weinbereitung

Langsame Gärung bei kontrollierten Temperaturen, Experimente mit biologischem Säureabbau und Barriqueausbau auch bei weißen Sorten, lange Lagerung auf der Feinhefe, Abfüllung teilweise ohne Filtrierung.

Stil der Weine

In der Regel trocken, komplex, elegant. Die Cuvées Fanny Elisabeth und Pucelles sind Auslesen botrytisbefallener Trauben. Botrytis findet sich auch regelmäßig im trockenen (!) Sylvaner Zellberg. Rauchige Pinot Gris, schlanke Gewürztraminer.

Ein Winzer-Philosoph

Mit Kollegen wie André Ostertag oder Marc Kreydenweiss verbindet den jungen Patrick Meyer einiges: Sie alle scheren sich wenig um althergebrachte Arten der Weinbereitung, experimentieren fröhlich drauflos. Nach dem frühen Tod des Vaters übernahmen Patrick und seine Schwester Marie-Josée das Gut 1984. Im Laufe weniger Jahre konnten sich die Weine mit den poetischen Namen einen Ruf als Geheimtip erwerben. Kaum zu glauben sind da die (noch?) niedrigen Preise. Die Spitzencuvées von Pinot Gris und Gewürztraminer sind nichts weniger als hochwertige Auslesen, Flaschen des Riesling Muenchberg gilt es frühzeitig zu reservieren.

Spezieller Charakter

Wovor konservative Kollegen zurückschrecken, das reizt Patrick Meyer um so mehr. Barriqueausbau (beim Pinot Noir, aber auch schon mal beim Sylvaner), malolaktische Gärung (gelegentlich bei der Cuvée Fanny Elisabeth), teilweiser Verzicht auf Filtrierung. Meyer arbeitet im Weinberg nach Möglichkeit biologisch, läßt stets per Hand lesen und praktiziert Ganztraubenpressung. Wie die stillen Weine, so besitzen auch die schäumenden herausragende Finesse. Der 92er Crémant (80 Prozent Auxerrois, 20 Prozent Pinot Noir) lagerte 52 Monate auf der Hefe, erhielt keine Dosage und schlägt so manchen Champagner spielend.

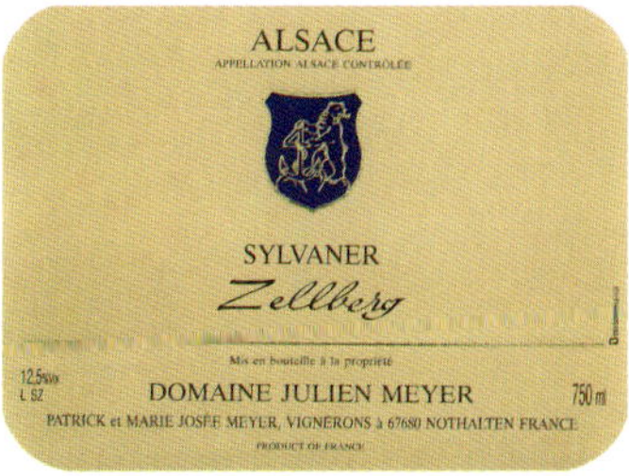

Sophie & Philippe Meyer

34, Route de Rosenwiller, F-67560 Rosheim
Tel. 0033/388502007, Fax 0033/388502675
Inhaber: Sophie und Philippe Meyer

Qualität: ★★
Weinbergsfläche: 15 ha
Jährliche Abfüllung: 60.000
Preis ab Keller:
Spitzenweine: 1–6
andere Weine: 1–2

Eine der besten Adressen für Auxerrois. Aber tolle Gewürztraminer oder Muscats gibt es auch beim jungen Winzerpaar Meyer.

Die Spitzenweine

Gewürztraminer Bruderthal★★
Auxerrois Cuvée Maxime★★
Riesling Bruderthal★★
Muscat Westerberg★★
Pinot Gris La Cuvée★★
VT★★, SGN★★★ (Riesling, Gewürztraminer)

Andere Weine

Auxerrois Cuvée Particulière★, Sylvaner VV★, Riesling Westerberg★, Gewürztraminer Westerberg★, Riesling★, Auxerrois★, Pinot Gris★, Pinot Noir Fût de Chêne★★, Pinot Noir★, Crémant★ u.a.

Weinbereitung

Schonende Kelterung (teilweise Ganztraubenpressung), Vergärung mit speziell selektierten Hefen. Ausbau in Holzfässern, Stahltanks oder Barriques (ein Teil des Pinot Noir). Die Weine bleiben so lange wie möglich auf der Feinhefe, gefüllt wird erst ab August.

Stil der Spitzenweine

Schlank, mit harmonischer Säure und regelmäßig trocken. Schmeckbaren Restzucker besitzen nur die Spät- und Beerenauslesen, die „La Cuvée“ aus der Rebsorte Pinot Gris sowie die Cuvée Maxime aus Auxerrois.

Ein Winzerpaar macht Furore

Sophie Meyer stammt aus Molsheim, Philippe aus Rosenwiller. Beide sind mit ganzem Herzen Winzer, gemeinsam kümmern sie sich um die von den Eltern übernommenen Weinberge, den neugebauten Keller in Rosheim – und natürlich um Söhnchen Antoine. Mit Augenmaß setzen die Meyers moderne Techniken ein: Ganztraubenpressung bei den edlen Sorten, dezenten Barriqueausbau beim Pinot Noir. Um den Charakter der Lagen herauszubringen, verwendet Philippe Meyer eine neutrale Sorte Reinzuchthefe von der Loire. Daß auch die Hektarerträge unter dem elsässischen Durchschnitt liegen, braucht kaum extra erwähnt zu werden.

Auxerrois und Sylvaner

Kaum ein zweites Weingut im Elsaß hat solch ein Faible für den Auxerrois. Gleich drei verschiedene Cuvées gibt es bei Meyers, trocken und mineralisch der Basis-Auxerrois sowie die Cuvée Particulière mit Heu-Nase; fett, extraktreich, aprikosenduftig und mit einem Touch Restsüße versehen die Cuvée Maxime, die nicht in jedem Jahr ausgebaut wird. Bis zu 70 Jahre alte Reben liefern das Material für solch faszinierende Weine, die mit Sicherheit zu den interessantesten elsässischen Auxerrois gehören. Nicht zu verachten ist freilich auch der Sylvaner, ein kerniges, fruchtiges Schnäppchen zu geradezu beschämend niedrigem Preis. Auch der saftige Muscat Westerberg aus 100 Prozent Muscat-Ottonel besitzt ein lobenswertes Preis-Leistungs-Verhältnis. Und wenn man's genau bedenkt, trifft diese Einschätzung auf alle Weine der Meyers zu.

MEYER-FONNÉ

24, Grand' Rue, F-68230 Katzenthal
Tel. 0033/389271650, Fax 0033/389273417
Inhaber: François und Félix Meyer

Qualität: ★★★
Weinbergsfläche: 9,5 ha
Jährliche Abfüllung: 70.000
Preis ab Keller:
Spitzenweine: 3–4
andere Weine: 1–3

Mit außergewöhnlich eleganten Weinen hat sich der junge Félix Meyer in die Spitzengruppe der elsässischen Winzer vorgearbeitet.

Die Spitzenweine

Pinot Gris Hinterburg★★★
Riesling Wineck-Schlossberg★★★
Riesling Kaefferkopf★★★
Gewürztraminer Wineck-Schlossberg★★
Pinot Noir Pièces★★

Andere Weine

Pinot Gris Réserve Saint-Urbain★★, Gewürztraminer Dorfburg VV★★, Riesling Vignoble de Katzenthal★, Muscat Tiré sur Lie★, Pinot Blanc VV★, Sylvaner „K"★, Gentil★, Pinot Noir Pièces★★, Pinot Noir★, Crémant★★ u.a.

Weinbereitung

Ausbau in Fuderfässern oder Stahltanks, ein Teil des Pinot Noir lagert in Barriques. Monatelange Reifung auf den Feinhefen. Der Muscat wird direkt von der Hefe abgefüllt.

Stil der Spitzenweine

Kraftvoll und elegant zugleich. Trockene, ungeheuer minerali-

sche Rieslinge mit floralen Noten, gar Anisaromen. Zurückhaltende Gewürztraminer, cremige Pinot Gris.

Kurzer Anschnitt für Spitzengewächse

Als Félix Meyer 1992, nach Praktika beim Elsässer Spitzenerzeuger Zind-Humbrecht, zurück in den elterlichen Betrieb kam, krempelte er einiges um. Vielleicht der wichtigste Schritt: Die Erträge wurden durch kurzen Anschnitt reduziert. Erfreulicherweise aber ist der junge Winzer kein Dogmatiker: Er lehnt Reinzuchthefen nicht völlig ab, gibt aber seine Spitzentrauben möglichst ganz auf eine der beiden pneumatischen Pressen. Von den Pinot-Gris-Trauben der kleinen, nach Osten ausgerichteten Lage Hinterburg erntet Meyer fast in jedem Jahr eine Vendange Tardive. Nicht immer ist bei diesem Wein der Begriff „Spätlese" angegeben: Understatement zeichnet eben die wirklich großen Winzer aus.

Ein Herz für die „unedlen" Rebsorten

Wer wollte entscheiden, welcher der letzten Jahrgänge im Weingut Meyer-Fonné besonders gut ausfiel? Der Pinot Gris Hinterburg von 1995 ist ein gewaltiger Wein; der 96er mit 124 Öchsle, Mangoaromen und langer Säure ein Tropfen fürs nächste Jahrhundert. Auch im überreifen Jahr 1997 gelang es Félix Meyer, das Gleichgewicht von Alkohol und Säure zu bewahren. Überdurchschnittliche Qualität (und ein tolles Preis-Leistungs-Verhältnis) besitzen auch die gesetzlich als weniger edel eingestuften Sorten des Elsaß, der dichte, trockene Sylvaner vom Kaefferkopf (namens „K") oder der Pinot Blanc von alten Reben. Bei Félix Meyer kann man blind kaufen!

Mittnacht-Klack

8, Rue des Tuileries, F-68340 Riquewihr
Tel. 0033/389479254, Fax 0033/389478950
Inhaber: Jean Mittnacht

Qualität: ★★
Weinbergsfläche: 10 ha
Jährliche Abfüllung: 65.000
Preis ab Keller:
Spitzenweine: 3–6
andere Weine: 1–4

Auf Vergleichsproben erreichen sie fast immer Spitzenplätze – die eleganten Rieslinge und Gewürztraminer aus Riquewihr.

Die Spitzenweine

Riesling Schoenenbourg★★
Pinot Gris Schoenenbourg★★
Gewürztraminer Sporen★★
Gewürztraminer Schoenenbourg★★
VT★★, SGN★★★ (Riesling, Pinot Gris, Gewürztraminer)

Andere Weine

Riesling Rosacker★★, Gewürztraminer Rosacker★★, Pinot Gris Clos Saint-Ulrich★, Riesling Clos Saint-Ulrich★, Riesling Cuvée Karine★, Muscat Kronenberg★, Sylvaner★, Pinot Blanc★, Pinot Noir★, Crémant★ u. a.

Weinbereitung

Vergärung zumeist mit traubeneigenen Hefen, Ausbau in Holzfässern oder Stahltanks.

Stil der Spitzenweine

Komplexer, fruchtiger, manchmal stahliger Riesling vom Grand Cru Schoenenbourg (Keuperboden); der Gewürztraminer prä-

sentiert sich im Glas elegant und kraftvoll, aber nicht üppig. Geringer Restzucker ist in fast allen Spitzenweinen vorhanden.

Flucht aus dem denkmalgeschützten Riquewihr

Das Ehepaar Mittnacht-Klack verließ den alten Ortskern von Riquewihr im Jahr 1968. Im komplett denkmalgeschützten Renaissancedorf, das in den Sommermonaten geradezu überquillt von Touristen, war die notwendige Erweiterung des Betriebes unmöglich. Wenige Dutzend Meter außerhalb der Stadtmauern keltert Jean Mittnacht heute, unterstützt von Sohn Franck, die Trauben mittels pneumatischer Pressen. Nur die niedrigste Kategorie an Weinen wird chaptalisiert, die unter dem Traubennamen verkaufte „Gamme Tradition“ (die zwar nie völlig enttäuscht, aber auch nicht immer zu Begeisterungsstürmen hinreißt).

Erfolg im Wettbewerb

Wann immer die Vinalies, der Verband der französischen Önologen, seine Preise verteilt – das Gut Mittnacht-Klack zählt meist zu den Ausgezeichneten. Auch das Siegel der Weinbruderschaft Saint-Étienne ziert so manche Flasche des Riquewihrer Betriebes, der jeweils ein Drittel an Privatkunden, Gastronomie und Fachgeschäfte sowie im Export vermarktet. Bei so viel Erfolg ist es nachvollziehbar, daß die Preise der Grands Crus merklich über dem elsässischen Durchschnitt liegen.

FRÉDÉRIC MOCHEL

56, Rue Principale, F-67310 Traenheim
Tel. 0033/388503867, Fax 0033/388505619
Inhaber: Frédéric Mochel

Qualität: ★★★
Weinbergsfläche: 9 ha
Jährliche Abfüllung: 75.000
Preis ab Keller:
Spitzenweine: 3–6
andere Weine: 2–3

Muscat von Spitzenqualität erzeugt dieses Weingut. Aber auch für Riesling hat Frédéric Mochel ein Händchen...

Die Spitzenweine

Muscat Altenberg★★★
Riesling Altenberg
Cuvée Henriette★★★
Riesling Altenberg★★
Gewürztraminer Altenberg★★
Riesling Cuvée Thiébaut★★
Gewürztraminer VT★★★

Andere Weine

Muscat★★, Riesling★★, Pinot Gris★, Gewürztraminer★, Klevner★, Sylvaner★, Edelzwicker★, Pinot Noir★, Crémant★★ u.a.

Weinbereitung

Langsame, temperaturkontrollierte Gärung mit traubeneigenen Hefen, Ausbau im Holzfaß.

Stil der Spitzenweine

Mineralisch, trocken, sehr langlebig ist der Riesling Grand Cru Altenberg de Bergbieten, vor allem die Cuvée Henriette von alten Reben. Schlanker, rosenduftiger, immer dezenter und mineralischer Muscat. Nur VT und

die Cuvée Thiébaut (die auch schon mal Cuvée Guillaume heißen kann, beide Namen ehren Frédéric Mochels Söhne) besitzen merkbare Restsüße.

Abseits der Touristenzentren

Frédéric Mochel gehört zu den zurückhaltenderen Winzern. Still und beharrlich erzeugt er seine Muscats und Rieslinge, die so manchen Kollegen aus den berühmten Weinorten vor Neid erblassen lassen müßten. Seit 1560 leben Vorfahren der Mochels im verträumten Traenheim, abseits der Weinstraße; in den letzten beiden Jahrzehnten haben Frédéric und seine Frau Arlette die Qualität der Weine dramatisch gesteigert. Das gilt auch für den verblüffend komplexen Klevner (Pinot Blanc) oder die eleganten Gewürztraminer.

Muscat mit Stil

Im Elsaß gibt es unterschiedliche Ansichten, wie ein guter Muscat beschaffen sein sollte. Die meisten Winzer schwören auf eine Mischung aus Muscat à Petits Grains und Muscat-Ottonel. Frédéric Mochel bevorzugt reinsortigen Ottonel – weich, fruchtig, nur mit dezenten und niemals aufdringlichen Muskataromen. Niedrige Erträge und langsame Kelterung auf pneumatischen Pressen machen es möglich. Als einer der wenigen elsässischen Muscats benötigt die Spitzencuvée von Mochel wenigstens ein oder zwei Jahre Reifezeit und kann auch schon mal ein Jahrzehnt gut überdauern. (Aber ehrlich, wer kann bei so verführerischen Weinen schon so lange warten?)

Robert Muhlberger

1, Rue de Strasbourg, F-67120 Wolxheim
Tel. 0033/388381033, Fax 0033/388384765
Inhaber: Robert Muhlberger

Qualität: ★
Weinbergsfläche: 13 ha
Jährliche Abfüllung: 55.000
Preis ab Keller: 1–6

Fast ein Philosoph, dieser Robert Muhlberger, der zudem interessante Rieslinge erzeugt.

Die Weine

Riesling Altenberg★, Riesling Clos Philippe Gass★, Gewürztraminer Altenberg★, Sylvaner★, Pinot Blanc★, Pinot Gris★, Grande Réserve★, SGN★★ (Pinot Gris), Pinot Noir★, Crémant★ u.a.

Stil und Ausbau der Weine

Robert Muhlberger arbeitet naturverbunden – schonende Weinbergsdüngung, manuelle Lese, lange Lagerung der Weine im Faß und in der Flasche. „Lebe mit der Rebe, lebe mit dem Wein", sagt Winzer Muhlberger voller Enthusiasmus. Die fast immer trockenen Rieslinge entfalten bereits in der Jugend intensive Aromen nach Zitrusfrüchten und Kräutern. Bedauerlicherweise können die Gewürztraminer schon mal übertrieben rustikal ausfallen, doch die honigduftende, süße 89er Traminer-Grande Réserve (eine Quasi-VT) ist über jeden Zweifel erhaben und besitzt noch Reifepotential.

René Muré

Route du Vin, F-68250 Rouffach
Tel. 0033/389785800, Fax 0033/389785801
Inhaber: René Muré

Von seinem Clos Saint-Landelin erzeugt der verschmitzte René Muré eleganten Riesling und mächtigen Pinot Noir.

Qualität: ★★
Weinbergsfläche: 22 ha
Jährliche Abfüllung: 400.000
Preis ab Keller:
Spitzenweine: 4–6
andere Weine: 2–5

Die Spitzenweine

Riesling Clos Saint-Landelin★★
Pinot Gris Clos Saint-Landelin★★
Gewürztraminer
Clos Saint-Landelin★★
Pinot Noir Clos Saint-Landelin★★
VT★★★, SGN★★★ (Riesling, Muscat, Pinot Gris, Gewürztraminer)

Andere Weine

Muscat Clos Saint-Landelin★★, Riesling Vorbourg★★, Gewürztraminer Vorbourg★★, Riesling Côte de Rouffach★, Pinot Gris Côte de Rouffach★, Muscat Côte de Rouffach★, Sylvaner Cuvée Oscar★, Crémant Riesling★★, Crémant Prestige★★, Crémant Brut★ u.a.

Weinbereitung

Temperaturkontrollierte Gärung, Ausbau zumeist in Holzfässern (der Pinot Noir Clos Saint-Landelin reift im Barrique), möglichst lange Lagerung auf der Feinhefe.

Stil der Spitzenweine

Die fruchtbetonten, dichten, üppigen Weine bewahren häufig eine geringe Restsüße. Durch mehrmonatige Lagerung auf der Feinhefe gewinnen sie verehrungswürdige Komplexität. Mit Aromen von kandierten Früchten und geradezu samtiger Süße begeistern die Vendanges Tardives vom Riesling (hervorragender 94er), die vom Mostgewicht her oft als SGN durchgehen könnten.

Weinberg im Monopol

Clos Saint-Landelin ist nicht nur der Name jenes berühmten 16-Hektar-Weinbergs im Grand Cru Vorbourg, der sich in Murés Alleinbesitz befindet – er wurde auch zum Synonym für den Betrieb. Auch und gerade in kleinen Jahrgängen werden hier Weine von hoher Qualität erzeugt. Selbst die Basiscuvées namens Tradition sind zu empfehlen; wie die nächsthöhere Kategorie Côte de Rouffach (schöner 96er Muscat mit Aromen von schwarzen Johannisbeeren und pikanter Säure) stammen sie aus zugekauften Trauben. So richtig spannend wird es freilich bei den als Clos Saint-Landelin oder Vorbourg etikettierten Spitzengewächsen.

Erfolge mit Rotwein

Nach dem Tod seiner Schwester Reine-Thérèse leitet René Muré den Betrieb allein. Der Pro- und Contra-Diskussion über elsässische Rotweine enthält sich der verschmitzte Winzer, dessen Familie 1648, im Jahr des Westfälischen Friedens, mit dem Weinbau begann. Stimmt die Lage, so Murés Credo, lassen sich im Elsaß bemerkenswerte Pinot Noir herstellen – er bewies es in Jahren wie 1993 oder 1996 mit dem Clos Saint-Landelin, der im Barrique ausgebaut und ohne Filtrierung abgefüllt wurde. Und daß Muré ein Multitalent ist, bekräftigen seine Crémants oder der Sylvaner Cuvée Oscar, ein reifer, fruchtiger, ungewöhnlich langlebiger Vertreter dieser Sorte, der sich bedenkenlos ein Jahrzehnt lagern läßt.

Gérard Neumeyer

29, Rue Ettore Bugatti, F-67120 Molsheim
Tel. 0033/388381245, Fax 0033/388381127
Inhaber: Gérard Neumeyer

Qualität: ★★
Weinbergsfläche: 15 ha
Jährliche Abfüllung: 65.000
Preis ab Keller:
Spitzenweine: 2–6
andere Weine: 1–2

Konsequent verwirklicht Gérard Neumeyer seine Vorstellungen kraftvoller Grand-Cru-Weine.

Die Spitzenweine

Gewürztraminer Bruderthal★★
Pinot Gris Bruderthal★★
Riesling Bruderthal★★
Gewürztraminer VT★★, SGN★★★

Andere Weine

Riesling Finkenberg★, Pinot Gris Coteau des Chartreux★, Sylvaner VV★, Pinot Blanc★, Riesling★, Muscat★, Pinot Noir Barrique★, Pinot Noir★; Crémant Millesime★, Crémant★, Crémant Rosé★ u.a.

Weinbereitung

Zu drei Vierteln werden die Weine im Holzfaß ausgebaut, lagern auf der Feinhefe bis April oder Mai und werden im Juli abgefüllt.

Stil der Weine

Mineralische Noten beherrschen sowohl Riesling (trocken) als auch Gewürztraminer. Faszinierende Spät- und Beerenauslesen mit Quittenaromen.

Weinberg der Mönche

Vom Grand Cru Bruderthal, einer windgeschützten Kalk-Mergel-Lage, die sich einst im Besitz des Zisterzienserordens befand, gewinnt Gérard Neumeyer seine besten Weine. Zusammen mit Ehefrau Gabrielle bewirtschaftet er das alteingesessene Molsheimer Familienweingut seit 1978. In den letzten Jahren konnte die Qualität deutlich gesteigert werden. Neumeyer hat die Erträge auf 50 (Grand Cru) bzw. 75 Hektoliter pro Hektar begrenzt und widersteht der Versuchung, Trauben mit zu hohen Öchslegraden zu ernten. Das Ergebnis sind markante Weine mit mineralischer Säure in einem erstaunlich (auch qualitativ!) einheitlichen Stil – angefangen beim frischen Sylvaner Vieilles Vignes.

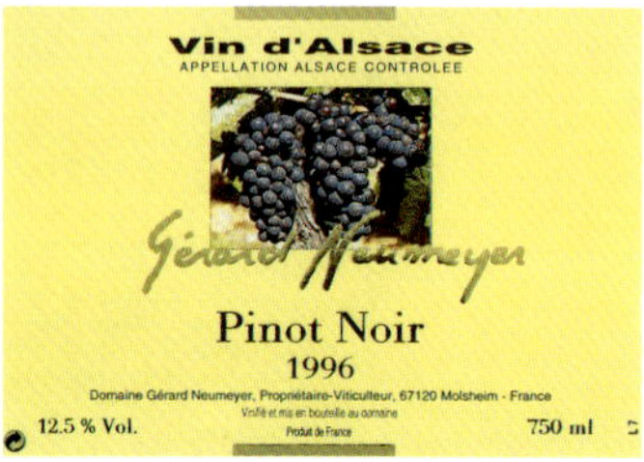

Verzicht auf Filtrierung

Wie so viele elsässische Kollegen versucht sich auch Gérard Neumeyer am Rotwein aus dem Barrique. Wie nur wenige aber weiß er um die Risiken des kleinen Holzfasses. Also verwendet er keine neuen Fäßchen und sorgt dafür, daß der Holzton mehr zu erahnen als zu schmecken ist. Der harmonische und kraftvolle 96er wurde ohne Filtrierung abgefüllt.

Cave Vinicole d'Obernai

30, Rue du Général Léclerc, F-67211 Obernai
Tel. 0033/388476020, Fax 0033/388476022
Winzergenossenschaft

Qualität: ★
Weinbergsfläche: 1.250 ha
Jährliche Abfüllung: 7 Mio.
Preis ab Keller: 1–6

Ein gewaltiges Unternehmen, das einige interessante Weine produziert. Nicht nur die Gewürztraminer lohnen die Probe, auch der Sylvaner gelingt mustergültig.

Die Weine

Gewürztraminer Altenberg★, Gewürztraminer Clos Sainte-Odile★, Riesling Altenberg★, Klevener de Heiligenstein★, Sylvaner „Z"★, Pinot Gris VT★★, Pinot Gris SGN★★, Rouge d'Ottrott★, Crémant★ u.a.

Stil und Ausbau der Weine

Was sich bescheiden Winzergenossenschaft von Obernai nennt, ist in Wirklichkeit eines der gewaltigsten elsässischen Weinunternehmen: Mit einigen anderen Genossenschaften bildet die Cave Vinicole von Obernai die sogenannte Divinal. Im allgemeinen erreichen die Weine nur ein respektables Niveau. Die Gewürztraminer enttäuschen zwar selten, und der Sylvaner „Z" vom Zotzenberg kommt frisch und charmant daher, doch geschmackliche Sensationen sind rar.

André Ostertag

87, Rue Finkwiller, F-67680 Epfig
Tel. 0033/388855134, Fax 0033/388855895
Inhaber: André Ostertag

Wie kein anderer hat der Qualitätsfanatiker André Ostertag den elsässischen Weinbau revolutioniert. Chapeau!

Die Spitzenweine

Riesling Muenchberg★★★
Pinot Gris Zellberg★★★
Pinot Gris Muenchberg★★★
Gewürztraminer Fronholz★★★
VT★★★, SGN★★★ (Riesling, Pinot Gris, Gewürztraminer)

Andere Weine

Riesling Heissenberg★★, Riesling Fronholz★★, Riesling Vignoble d'Epfig★★, Pinot Gris Fronholz★★, Pinot Gris★★, Sylvaner VV★, Chasselas★, Pinot Noir★★ u.a.

Weinbereitung

Zu einem nicht unerheblichen Teil verwendet Ostertag neue und gebrauchte Barriques zum Weinausbau; er verzichtet auf Reinzuchthefen, setzt häufig die malolaktische Gärung ein und füllt nach Möglichkeit ohne Filtrierung ab.

Stil der Spitzenweine

Verschlossen, mit dichten Rauch- und Cremenoten sowie schlan-

Qualität: ★★★
Weinbergsfläche: 12 ha
Jährliche Abfüllung: 80.000
Preis ab Keller:
Spitzenweine: 4–6
andere Weine: 2–3

kem Körper präsentieren sich André Ostertags Pinot Gris. Die Rieslinge zeigen den Charakter des Weinbergs: mineralische Noten, hintergründige Zitrusfrucht, tolle Länge auch in kleinen Jahren. Sensationelle edelsüße Weine.

Das elsässische Enfant terrible

Als André Ostertag 1985 den elterlichen Betrieb übernahm, warf der gelernte Önologe vieles Althergebrachte über den Haufen. Niemand hat diese Revolution im Weinberg besser ausgedrückt als der Elsaßkenner Tom Stevenson. „Ostertag", so der britische Journalist, „hat alles angestellt, außer den Direktor des Elsässer Weinbauverbandes zu erschießen." Kleine Holzfässer wurden angeschafft, die Erträge radikal reduziert. Ostertag stürzte sich begeistert auf die Methode der malolaktischen Gärung. Gern verwendet der 1955 geborene Weinphilosoph, der sich auch als Poet versucht, die Begriffe Steinwein und Fruchtwein für seine unnachahmlichen Kreszenzen. Als *vins de pierre* gelten die Weine der großen Lagen, die den Charakter des Bodens zeigen; *vins de fruit* besitzen den Charme der Rebsorte, sind fruchtig, pikant und schon jung ein Erlebnis (eindrucksvolles

Beispiel ist der Riesling Vignoble d'Epfig). Alle Pinot Gris machen obligatorisch den biologischen Säureabbau durch, bei den Rieslingen kommt es auf den Jahrgang an. Mehr noch als der gelungene 95er überzeugt der 96er Jahrgang.

Chasselas mit Potential

Noch vor drei Jahrzehnten war der Chasselas (Gutedel) so etwas wie die Brot- und Buttersorte der elsässischen Winzer: Hauptbestandteil des Zwickers, säurearmer Zechwein für jede Gelegenheit. Nach und nach aber wurde er durch vermeintlich edlere Reben ersetzt. Nicht so bei André Ostertag. „Es ist ein Fehler, die alten Sorten auszuhauen", sagt der elsässische Neuerer – der manchmal ein Konservativer im besten Sinne ist. Wer seinen spritzigen, frischen Chasselas verkostet, wird begeistert sein: So resch, schlank, mineralisch entdeckt man ihn kaum anderswo im Elsaß. Weniger mineralisch als vielmehr extraktreich und beinahe fett präsentiert sich der Sylvaner von alten Reben mit faszinierendem Honigton.

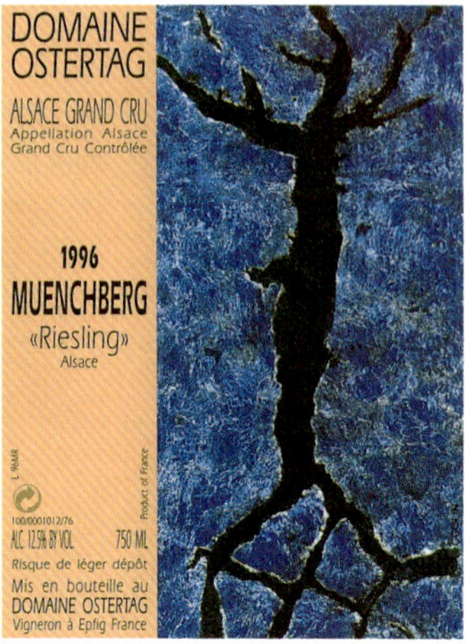

Ideenimport aus Burgund

Von Praktika im Burgund hat Ostertag Erfahrungen mit dem Pinot Noir mitgebacht. Obwohl sein Augenmerk eher den weißen Sorten gilt, besitzt auch der Epfiger Spätburgunder Charakter: Die Barriquearomen sind nie aufdringlich, Ostertag beherrscht den Umgang mit dem kleinen Faß so virtuos wie allenfalls noch Kollege Jean-Michel Deiss aus Bergheim. Aus der Bourgogne stammt auch seine Vorliebe für die Batonnage, das Aufrühren der Hefe. Leider gelingt es dem ehrgeizigen Winzer, der mit seinen Erzeugnissen den verdienten Erfolg hat, nicht in jedem Jahr, Weine ohne Filtrierung abzufüllen. Sowenig Eingriff und Behandlung wie möglich, ist jedoch ein Grundsatz von Ostertag. Sobald der neue, geräumigere Keller fertiggestellt ist, dürfte noch einiges zu erwarten sein von diesem „Weinmacher" mit Ausnahmestatus, dessen Ruf sich längst weltweit verbreitet hat.

In den Vereinigten Staaten gilt er vielen als Inbegriff des modernen Elsässer Winzers. Vor allem Pinot Gris sowie die edelsüßen Vendanges Tardives und Sélections de Grains Nobles werden mittlerweile in der internationalen Spitzengastronomie hoch geschätzt. In Anbetracht der Nachfrage sind André Ostertags Preise vernünftig geblieben.

Cave Vinicole de Pfaffenheim

5, Rue du Chai, F-68250 Pfaffenheim
Tel. 0033/389780808, Fax 0033/389497165
Winzergenossenschaft

Nicht zu übersehen ist das Qualitätsstreben der meistprämierten Winzergenossenschaft Frankreichs.

Die Spitzenweine

Gewürztraminer Steinert★★
Gewürztraminer Goldert★★
Pinot Gris Steinert★★
Riesling Goldert★★
Riesling Steinert★★
VT★★★, SGN★★★ (Riesling, Pinot Gris, Gewürztraminer, Muscat)

Andere Weine

Riesling Hatschbourg★★, Pinot Gris Hatschbourg★★, Riesling Zinnkoepflé★★, Gewürztraminer Zinnkoepflé★★, Pinot Blanc Grande Réserve★★, Sylvaner Grande Réserve★★, Chasselas Grande Réserve★, Pinot Gris★★, Rouge d'Alsace★★, Crémant Blanc de Noirs★★ u.a.

Weinbereitung

Mit modernster Technik; Ausbau in riesigen Beton- oder Stahltanks; der Rouge d'Alsace wird auf der Maische vergoren und in Barriques ausgebaut.

Qualität: ★★
Weinbergsfläche: 235 ha
Jährliche Abfüllung: 3 Mio.
Preis ab Keller:
Spitzenweine: 3–6
andere Weine: 1–3

Stil der Spitzenweine

Elegant und schlank, selbst bei den edelsüßen Weinen. Grands Crus und Grandes Réserves können, bedingt durch hohe Mostgewichte, dezente, nie aufdringliche Süße besitzen.

Keine Automatik

Von industrieller Weinerzeugung halten der langjährige Önologe Michel Kueny und Direktor Alex Heinrich, ein geschickter Marketingstratege, rein gar nichts. In der Winzergenossenschaft von Pfaffenheim und Gueberschwihr – so der vollständige Name des Betriebes – wird individuell gearbeitet. 220 Winzer liefern die exklusiv per Hand gelesenen Trauben zu einer kaum zu überschauenden Vielzahl an Cuvées. Michel Kueny baut mit Begeisterung auch kleinste Mengen separat aus, besonders hochwertiges Erntegut wird zur Cuvée Grande Réserve verarbeitet. Aber auch die unteren Qualitätslinien Tradition, Vins Medaillés und Grand Millesime überzeugen fast immer.

Ehrungen weltweit

Werden irgendwo auf der Weinwelt Preise an elsässische Weine verteilt, so ist die Cave Vinicole de Pfaffenheim meist dabei – keine andere Genossenschaft Frankreichs konnte da in den letzten Jahren mithalten. Obwohl sie mengenmäßig keine große Rolle spielen, sind die Vendanges Tardives und Sélections de Grains Nobles ein Aushängeschild des Hauses. Die 89er Gewürztraminer SGN zählt zu den eindrucksvollsten elsässischen Süßweinen dieses Jahrgang, eine vor Frucht übersprudelnde 97er Muscat VT steht dem kaum nach.

ANDRÉ PFISTER

53, Rue Principale, F-67310 Dahlenheim
Tel. 0033/388506632, Fax 0033/388506749
Inhaber: André Pfister

Qualität: ★★
Weinbergsfläche: 7,5 ha
Jährliche Abfüllung: 60.000
Preis ab Keller:
Spitzenweine: 3–6
andere Weine: 1–2

Noch ist er einer der Geheimtips im nördlichen Elsaß, der bescheidene André Pfister.

Die Spitzenweine

Riesling Engelberg★★
Gewürztraminer Engelberg★★
Riesling Silberberg★★
Cuvée Brumaire★★, VT★★, SGN★★★ (Riesling, Pinot Gris, Gewürztraminer)
Crémant Blanc de Blancs★★

Andere Weine

Gewürztraminer Silberberg★, Pinot Gris★, Riesling★, Muscat★, Sylvaner★, Pinot Blanc★, Rouge de Dahlenheim★, Pinot Noir Rosé★

Weinbereitung

Langsame Gärung mit traubeneigenen Hefen, Ausbau im Stahltank, Abfüllung erst im September des Folgejahres.

Stil der Spitzenweine

Dezent, frisch, trocken – die Rieslinge entwickeln im Alter Aromen von Kräutern. Der Riesling Silberberg ist früher trinkreif als sein Kollege vom Grand Cru Engelberg, steht ihm aber qualitativ kaum nach.

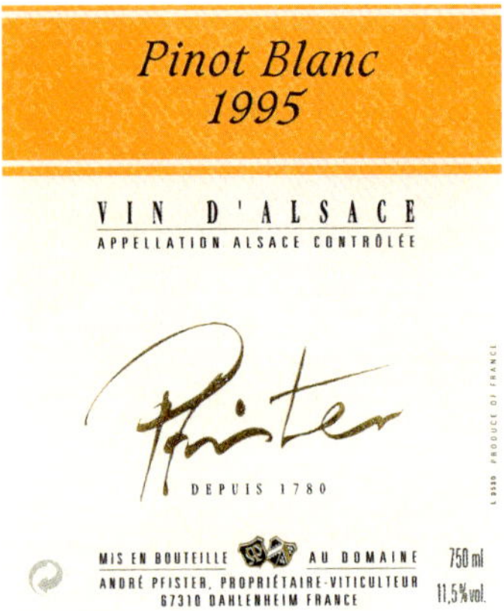

Die Menge macht's

Eigentlich wissen es alle Winzer: Mäßige Erträge sind eine entscheidende Voraussetzung für große Weine. Doch längst nicht alle beherzigen die goldene Regel, wäßrig schmeckende Rieslinge oder Gewürztraminer sind allenthalben zu finden. Nicht so bei André Pfister. Der eloquente Dahlenheimer Erzeuger legt Wert auf kurzes Anschneiden der Reben, auf Begrünung der Rebzeilen und mäßigen Einsatz von Spritzmitteln. Im Engelberg, dem zweitnördlichsten Grand Cru des Elsaß, werden auch im Sommer unreife Trauben herausgeschnitten. Die Mühen zahlen sich aus – André Pfister macht der über 200jährigen Tradition seines Weingutes Ehre.

Schäumende Klasse

Aus zwei Dritteln Pinot Blanc und einem Drittel Chardonnay stellt André Pfister seinen Crémant Blanc de Blancs her – und lagert ihn bis zu 28 Monaten auf der Hefe. Mit dezenten, reifen Apfelnoten und merkbarer Hefenase wirkt er kraftvoll, aber nicht rustikal. Eine Konkurrenz zum Champagner? Preislich allemal!

Preiss-Zimmer

40, Rue du Général de Gaulle, F-68340 Riquewihr
Tel. 0033/389478691, Fax 0033/389273533
Inhaber: Antoine Zimmer

Kooperation macht sich bezahlt: In der Turckheimer Winzergenossenschaft werden beeindruckend sortentypische Weine ausgebaut.

Die Weine

Riesling Schoenenbourg★★, Gewürztraminer Sporen★, Riesling Comte de Beaumont★, Gewürztraminer Comte de Beaumont★, Riesling Weissengrund★, VT★★, SGN★★ (Pinot Gris, Gewürztraminer), Pinot Noir Cuvée à l'Ancienne★, Crémant★ u.a.

Stil und Ausbau der Weine

Enttäuschungen sind selten, Überraschungen auch. Leider etwas hoch kalkuliert ist die Basis-Qualitätslinie Tradition. Elegant und eher trocken präsentieren sich die Grands Crus sowie die Weine unter dem Markennamen Comte de Beaumont.

Zentrale Vermarktung

Auch wenn das Weingut nach wie vor im Privatbesitz ist: Ausgebaut und vermarktet werden die Weine des 1848 gegründeten Betriebes nun von der Turckheimer Winzergenossenschaft.

Qualität: ★
Weinbergsfläche: 10 ha
Jährliche Abfüllung: 110.000
Preis ab Keller: 2–6

Cave Vinicole de Ribeauvillé

2, Route de Colmar, F-68150 Ribeauvillé
Tel. 0033/389736180, Fax 0033/389733121
Winzergenossenschaft

Qualität: ★
Weinbergsfläche: 240 ha
Jährliche Abfüllung: 3 Mio.
Preis ab Keller: 2–6

Von der ältesten elsässischen Winzergenossenschaft lohnt nicht nur der legendäre Clos du Zahnacker die Probe.

Die Spitzenweine

Clos du Zahnacker★★, Riesling Kirchberg★★, Riesling Mandelberg★★, Riesling Osterberg★, Gewürztraminer Gloeckelberg★, Gewürztraminer Schoenenbourg★, Gewürztraminer Altenberg★, Pinot Gris Gloeckelberg★, VT★★ (Riesling, Gewürztraminer), Pinot Noir VV★, Crémant★ u.a.

Stil und Ausbau der Weine

Neben den regelmäßig trockenen Rieslingen liegt die Stärke der 1895 gegründeten ältesten elsässischen Genossenschaft in einer Rarität – im Clos du Zahnacker. Diese Assemblage aus Pinot Gris, Riesling und Gewürztraminer ist einer der historischsten Weine des Elsaß. In dem Weinberg oberhalb von Ribeauvillé – dem einstigen Acker des Mönches Martin Zahn – wurden seit dem 12. Jahrhundert verschiedene Rebsorten als Mischsatz angepflanzt.

André Rieffel

11, Rue Principale, F-67140 Mittelbergheim
Tel. 0033/388089548, Fax 0033/388082894
Inhaber: Julien, André und Lucas Rieffel

Qualität: ★★
Weinbergsfläche: 10 ha
Jährliche Abfüllung: 65.000
Preis ab Keller:
Spitzenweine: 2–4
andere Weine: 1–2

Viele Köche verderben nicht immer den Brei! Hier erzeugen drei Generationen Weine von Rang und ohne modische Süße.

Die Spitzenweine

Riesling Wiebelsberg★★
Pinot Gris Kirchberg★★
Riesling Zotzenberg★★
Gewürztraminer Zotzenberg★
Gewürztraminer VT★★

Andere Weine

Riesling Brandluft★, Gewürztraminer★, Muscat★, Sylvaner VV★, Sylvaner Mittelbergheim★, Klevner★, Pinot Noir Barriques★, Crémant Chardonnay★, Crémant Cuvée Judith★ u.a.

Weinbereitung

Der Ausbau erfolgt fast immer in Holzfässern.

Stil der Spitzenweine

Trocken ohne jeglichen Kompromiß, erdig, mineralisch – abgesehen von den selten erzeugten Vendanges Tardives (die prächtige, schier endlose 94er Gewürztraminer VT ist einer der größten Erfolge des Betriebes).

Drei Generationen in einem Keller

Großvater Julien und Vater André werden seit kurzem von Sohn Lucas unterstützt. Allen Rieffels gemeinsam ist die Ablehnung modisch süßlicher Weine, wie sie auch im Elsaß seit einigen Jahren verbreitet hergestellt werden. Die Erzeugnisse der Rieffels besitzen Komplexität, eine spritzige Säure (etwa der eher leichte und preiswerte Riesling Brandluft) oder ausgeprägt erdigen Charakter (wie der Sylvaner von alten Reben, der vom Grand Cru Zotzenberg stammt).

Schlanker Crémant und vielversprechender Rotwein

Wer im Jahrhundertjahrgang 1997 trockene Weine erzeugen wollte, stand vor einem Dilemma. Da die Rieffels soweit wie möglich auf selektionierte Hefen verzichten, gärten nicht alle Weine durch. Aber das ist vielleicht gut so, denn der bei den Pinot Gris und Gewürztraminern in kleinen Mengen verbliebene Restzucker gleicht den nicht unerheblichen Alkohol perfekt aus. Freilich sollte, da sind sich Sohn, Vater und Großvater Rieffel einig, dies eine Ausnahme bleiben! Beim Sekt kommt man teilweise Kundenwünschen entgegen: Nicht völlig trocken wird der Crémant Cuvée Judith abgefüllt, mit weniger Dosage kommt der schlanke 94er Spitzen-Crémant aus 100 Prozent Chardonnay aus (zwei Jahre blieb diese Cuvée vor dem Degorgieren auf der Hefe). Einen Versuch wert ist auch der Pinot Noir. Von diesem Weingut, das 80 Prozent seiner Erzeugung exportiert, dürfte noch einiges zu erwarten sein.

Domaine Rieflé

11, Place de la Mairie, F-68250 Pfaffenheim
Tel. 0033/389785221, Fax 0033/389495098
Inhaber: Familie Rieflé

Qualität: ★★

Weinbergsfläche: 22 ha

Jährliche Abfüllung: 250.000

Preis ab Keller: 1–6

Top-Lagen und qualitätsorientierte Arbeit führen hier zu überzeugenden Ergebnissen.

Die Weine

Pinot Gris Steinert★★, Riesling Steinert★★, Gewürztraminer Steinert★★, Pinot Gris Côte de Rouffach★★★, Muscat Bergweingarten★, Riesling Gaentzbrunnen★, Sylvaner Schneckenberg★, Pinot Noir★, VT★★, SGN★★ (Pinot Gris), Crémant★ u.a.

Stil und Ausbau der Weine

Jean-Claude Rieflé, ehemaliger Präsident des Elsässer Winzerverbandes, hat das alte Familiengut mit komplexen Pinot Gris und Gewürztraminern zu einem gewissen Bekanntheitsgrad gebracht. Doch auch der kristallklare Riesling vom Kalkboden des Grand Cru Steinert oder der fruchtige Muscat können sich sehen und schmecken lassen, nicht zu vergessen der frische, kraftvolle Sylvaner Schneckenberg. Für ihre besten Weine unterhalb der Grand-Cru-Ebene verwenden die Rieflés den Begriff Côte de Rouffach, meist gefolgt von einem Lagennamen.

DOMAINE ROLLY-GASSMANN

1 und 2, Rue de l'Église, F-68590 Rorschwihr
Tel. 0033/389736328, Fax 0033/389733306
Inhaber: Marie-Thérèse und Louis Rolly-Gassmann

Qualität: ★★
Weinbergsfläche: 30 ha
Jährliche Abfüllung: 200.000
Preis ab Keller:
Spitzenweine: 3–6
andere Weine: 1–3

Es muß nicht immer trocken sein: In unnachahmlicher Weise verbinden die Gewächse des Gutes dezente Süße und pikante Säure.

Die Spitzenweine

Riesling Kappelweg★★
Riesling Pflaenzerreben★★
Pinot Gris
Réserve Rolly-Gassmann★★
Muscat Moenchreben★
Riesling Silberberg★
VT★★ und SGN★★★ (Pinot Gris, Gewürztraminer)

Andere Weine

Gewürztraminer Kappelweg★, Gewürztraminer Oberer Weingarten★, Auxerrois Moenchreben★, Riesling Réserve Millésime★, Sylvaner★, Pinot Noir Réserve Rolly-Gassmann★ u.a.

Weinbereitung

Ob der Ausbau im großen Holzfaß oder im Inox-Tank erfolgt – das Prinzip bleibt gleich: Louis Rolly-Gassmann gönnt den Weinen Zeit, füllt in aller Regel erst im September ab und lagert die Flaschen teilweise jahrelang bis zum Verkauf.

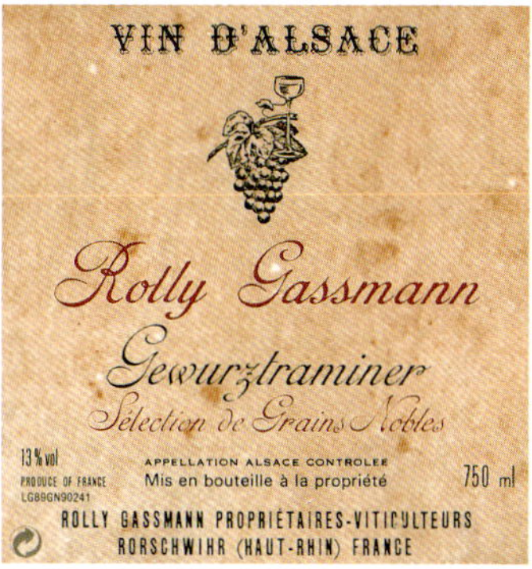

Stil der Spitzenweine

Pikante Säure, häufig markanter Restzucker, dazu eine Portion Kohlensäure – die Weine kann man jung mögen, muß es aber nicht. Harmonie und Reife stellen sich erst nach einigen Jahren ein.

Berühmt und bescheiden

Europaweit genießen die prägnanten, fast nie trockenen Rieslinge der Domaine Rolly-Gassmann Ansehen. 70 Prozent der erzeugten Weinen werden an Privatkunden verkauft, die diesen Stil mögen. Wer auf vollkommen trockene Weine schwört, ist hier dagegen eindeutig an der falschen Adresse. Freilich muß Süße noch lange nicht mangelnden Extrakt bedeuten. Das fröhliche Ehepaar Rolly-Gassmann hat es nicht nötig, dünne Weinchen mit Zucker zu übertünchen, wie es leider so mancher elsässische Kollege praktiziert. Ein Besuch in der Probierstube im Souterrain ist immer ein Erlebnis – kaum weniger als 40 Sorten stehen zur Verkostung bereit. Marie-Thérèse oder Louis selbst kümmern sich mit bescheidener Höflichkeit um die Kunden, welche hier wirklich Könige sind.

300 Jahre Weinbautradition

Louis Gassmann und Marie-Thérèse Rolly heirateten 1967 und führten das große Gut in den folgenden 30 Jahren zu Ruhm. Daß der kleine Weinort Rorschwihr keine klassifizierten Grands Crus aufweist, störte dabei kaum. Mittlerweile arbeiten bereits die Söhne Yves und Pierre im Betrieb mit, Revolutionen aber sind vorerst nicht zu erwarten. Die Domaine Rolly-Gassmann wird aller Voraussicht nach auch weiterhin eine gute Adresse bleiben für gereifte Weine mit einem Touch Süße.

ÉRIC ROMINGER

16, Rue Saint Blaise, F-68250 Westhalten
Tel. 0033/389761471, Fax 0033/389748144
Inhaber: Éric Rominger

Qualität: ★
Weinbergsfläche: 6 ha
Jährliche Abfüllung: 45.000
Preis ab Keller:
Spitzenweine: 3–6
andere Weine: 1–2

Mit Neuanpflanzungen hat der junge Éric Rominger das elterliche Weingut erheblich vergrößert.

Die Spitzenweine

Riesling Zinnkoepflé★★
Pinot Gris Zinnkoepflé★
Cuvée Les Sinneles★★ (Riesling, Pinot Gris, Gewürztraminer)
VT★★, SGN★★ (Pinot Gris, Gewürztraminer)

Andere Weine

Riesling Saering★, Riesling Schwarzberg★, Pinot Gris Schwarzberg★, Gewürztraminer Schwarzberg★, Muscat★, Pinot Blanc VV★, Pinot Blanc★, Sylvaner★, Pinot Noir Vieilli en pièce★, Crémant u.a.

Weinbereitung

Der Ausbau erfolgt in der Regel im Stahltank.

Stil der Spitzenweine

Weitgehend trocken, mit mineralischen Aromen – so präsentieren sich Riesling und Pinot Gris von der Prestigelage des Gutes. Mehr Süße besitzen die Cuvées „Sinneles“, VT und SGN.

Neuanlagen im Zinnkoepflé

Ihren beengten Keller im Dörfchen Bergholtz werden die Romingers Mitte 1999 verlassen, um sich im nahen Westhalten anzusiedeln. Mehr Platz ist auch dringend nötig, denn Éric Rominger, seit 1982 mit der Vinifizierung betraut, übernahm vom Vater einen kleinen Nebenerwerbsbetrieb und verdoppelte die Rebfläche durch Neuanlagen im Grand Cru Zinnkoepflé. Heute sind sechs Hektar bestockt, zwei weitere sollen in Kürze dazukommen. Während man im alten Keller in Bergholtz (6, Rue de l'Église) kaum Platz hatte, die Flaschen zu stapeln, wird es sich bald komfortabler arbeiten lassen. Eher jung zu trinken sind die Weine vom Sandboden des Schwarzbergs, der Zinnkoepflé verhilft den Trauben zu mehr Extrakt. 1996 störten bei einigen Sorten dropsige Aromen, die 97er sind ungewöhnlich reif, weich und – in diesem Jahr kein Wunder – nicht durchgegoren.

Spätlesen und Sinneles

„Spätlesen", bekräftigt Éric Rominger energisch, „sollten nur mit Botrytis hergestellt werden." Eine Auffassung, die im Elsaß durchaus umstritten ist. Für jene Weine, die aufgrund hoher Mostgewichte eine merkbare Restsüße behalten, aber nicht von edelfaulen Trauben stammen, erfand Rominger den Begriff „Sinneles", abgeleitet vom Grand Cru Zinnkoepflé. Zweifellos besitzt das kleine Weingut noch Qualitätsreserven.

SCHAEFFER-WOERLY

3, Place du Marché, F-67650 Dambach-la-Ville
Tel. 0033/388924081, Fax 0033/388924987
Inhaber: Vincent und Lucie Woerly

Am Marktplatz von Dambach werden ohne viel Aufhebens mineralische Rieslinge mit herzhafter Säure ausgebaut.

Die Spitzenweine

Riesling Frankstein★★
Riesling Breitstein★
VT★★, SGN★★ (Pinot Gris)

Andere Weine

Gewürztraminer Réserve★, Pinot Gris Cuvée Prestige★, Riesling Réserve★, Sylvaner★, Auxerrois★, Muscat★, Pinot Noir★, Crémant★ u.a.

Weinbereitung

Ausbau in Holzfässern und Stahltanks. Kein Barriqueeinsatz, aber Maischegärung mit Unterpressen des Maischehutes beim Pinot Noir.

Stil der Spitzenweine

Die Rieslinge sind mineralisch, praktisch trocken, ausgestattet mit herzhafter Säure, deutlich ist die Herkunft von den Granitböden des Ortes herauszuschmecken – sowohl beim Grand Cru Frankstein als auch bei der unklassifizierten Lage Breitstein.

Qualität: ★
Weinbergsfläche: 7 ha
Jährliche Abfüllung: 40.000
Preis ab Keller:
Spitzenweine: 2–6
andere Weine: 1–2

Die letzten Jahrgänge lassen aufhorchen

Das Weingut Schaeffer-Woerly zählt weder zu den größten Winzerbetrieben von Dambach, noch ist es einer der berühmteren. Von außen macht das Fachwerkhäuschen einen unscheinbaren, wenngleich hübschen Eindruck, und allenfalls seine zentrale Lage gleich am Dambacher Marktplatz unterscheidet den Betrieb von einigen Dutzend anderen im Ort. So scheint es jedenfalls zunächst, doch die letzten Jahrgänge lassen aufhorchen. Sowohl 1995, in einem allgemein schwierigen Jahr, als auch im säurebetonten Jahrgang 1996 gelangen dem jungen Vincent Woerly und seiner Frau Lucie sehr saftige, pikante Rieslingweine, die bereits jung Spaß machen. Sind Sie nur Eintagsfliegen? Es sieht nicht danach aus: Die Woerlys, die 1997 das 50. Jubiläum der Flaschenfüllung feierten, haben die Ganztraubenpressung eingeführt und sich einer Winzergruppe angeschlossen, die integrierten Anbau betreibt.

Dambach-la-Ville? Dambach-les-Vignes!

Die größte Weinbaugemeinde des Elsaß ist für Superlative gut: Fast 500 Hektar Reben; nicht weniger als 100 Familien, die vom Weinbau leben; allein 60 Betriebe, die ihre Weine selbst vermarkten… Fast an jeder Straßenecke lockt das Hinweisschild zur Degustation, und leicht können durchreisende Weinfreunde den Überblick verlieren. Doch neben einer Vielzahl an qualitativ weniger auffallenden Gütern existieren auch einige unbedingt empfehlenswerte. Die Domaine Schaeffer-Woerly gehört dazu.

Martin Schaetzel

3, Rue de la 3ème Divison Blindée, F-68770 Ammerschwihr
Tel. 0033/389471139, Fax 0033/389782977
Inhaber: Jean und Béa Schaetzel

Jean Schaetzel ist nicht nur Dozent für Weinbau, er erzeugt auch eine Fülle langsam reifender Weine.

Die Spitzenweine

Riesling Kaefferkopf
Cuvée Nicolas★★
Riesling Kaefferkopf Granit★★
Gewürztraminer Kaefferkopf★★
Gewürztraminer
Cuvée Isabelle★★
Gewürztraminer Kaefferkopf
Cuvée Catherine★★
VT★★, SGN★★★ (Riesling, Muscat, Pinot Gris, Gewürztraminer)

Andere Weine

Riesling Kaefferkopf★, Riesling Réserve★, Auxerrois★, Pinot Gris Réserve★, Gewürztraminer Réserve★, Muscat★, Sylvaner VV★, Chasselas★, Pinot Noir Cuvée Mathieu★, Crémant★ u.a.

Weinbereitung

Langsame Gärung; Ausbau zum großen Teil in Holzfässern, teilweise Barriqueausbau für Auxerrois und Pinot Noir. Die Weine werden in der Regel spät auf Flaschen gefüllt und benötigen dann zumeist noch gehörige Reifezeit.

Qualität: ★★
Weinbergsfläche: 7 ha
Jährliche Abfüllung: 60.000
Preis ab Keller:
Spitzenweine: 3–6
andere Weine: 1–3

Stil der Spitzenweine

Konzentrierte, in der Regel trockene Rieslinge, häufig mit Aromen von eingemachten Früchten (Überreife ist ein Zeichen der Spitzencuvées Nicolas und Catherine). Honig-, karamel- und nektarinenduftige Gewürztraminer. Vor allem die Rieslinge sind jung sehr verschlossen.

Adresse für Kenner

Was Jean Schaetzel an der Weinbauschule von Rouffach lehrt, das probiert er auch im eigenen Weingut aus. Und zwar in aller Stille: Touristen verirren sich nur selten in die winzige Probierecke im Büro, kein Aufmerksamkeit heischendes Schild lockt Kunden. Jean und Béa Schaetzel erzeugen weit überdurchschnittliche Rieslinge (gleich fünf verschiedene Cuvées), die viel Zeit brauchen, um sich zur vollen Reife zu entfalten. Aus Chasselas könnte man freilich mehr machen, als es Jean Schaetzel tut, und der im Barrique vergorene Auxerrois überzeugt noch nicht völlig ...

Große Pläne für die Zukunft

... aber die Schaetzels befinden sich ja noch mitten in der Experimentierphase. Im prestigereichen Rangen, der einzigen elsässischen Vulkangesteinslage, haben sie kürzlich Reben gepflanzt – Stammkunden warten schon sehnsüchtig auf die Jungfernernte. Weil Jean ein Anhänger der nach Bodenart getrennt ausgebauten Cuvées ist, erzeugt er in guten Jahren gleich eine Fülle an Vendanges Tardives und Sélections de Grains Nobles. Vor allem die Riesling SGN vom Kaefferkopf – sowohl vom Granitteil dieser Lage als auch von jener Hälfte mit Kalkboden – zählen zu den schönsten edelsüßen Rieslingen weit und breit und sind äußerst lagerfähig.

Edgar Schaller

1, Rue du Château, F-68630 Mittelwihr
Tel. 0033/389479028, Fax 0033/389490266
Inhaber: Patrick Schaller

Qualität: ★
Weinbergsfläche: 9 ha
Jährliche Abfüllung: 90.000
Preis ab Keller: 1–3

Eine uneingeschränkt empfehlenswerte Adresse für Rieslingweine!

Die Weine

Riesling Mandelberg★★, Riesling Les Amandiers★★, Pinot Gris Cuvée Edgar★, Gewürztraminer Cuvée Pauline★, Muscat Cuvée Charles★, Pinot Blanc★, Sylvaner★, Crémant S de Schaller★, Crémant Blanc de Noir★ u.a.

Stil und Ausbau der Weine

Vor allem mit seinen mineralischen, saftigen Rieslingen ohne merkbaren Restzucker hat sich Patrick Schaller unter Kennern einen Namen machen können. Sehen lassen können sich aber auch die Crémants mit wenig Dosage. Önologische Geheimnisse gibt es in dem Traditionsgut nicht zu bestaunen, der Ausbau erfolgt zumeist in großen Fuderfässern. Der unmittelbar an der Route du Vin gelegene Betrieb verkauft einen beachtlichen Teil der Produktion an vorüberfahrende Elsaßtouristen. Und die zahlen hier für durchweg hohe Qualität oft deutlich weniger als anderswo für Massenware.

ANDRÉ SCHERER

12, Route du Vin, F-68420 Husseren-les-Châteaux
Tel. 0033/389493033, Fax 0033/389492748
Inhaber: Christophe Scherer

In der gehobenen Gastronomie werden Christophe Scherers schlanke Rieslinge und Pinot Gris besonders geschätzt.

Die Spitzenweine

Riesling Pfersigberg**
Gewürztraminer Pfersigberg**
Gewürztraminer Eichberg**
Pinot Gris Barrique*
Cuvée Blanche** (Pinot Gris, Gewürztraminer)
VT**, SGN** (Riesling, Pinot Gris, Gewürztraminer)

Andere Weine

Riesling Kleinbreit*, Riesling Cuvée Jean-Baptiste*, Gewürztraminer Holzweg*, Muscat Cuvée Jean-Baptiste*, Auxerrois Barrique*, Pinot Blanc*, Sylvanor*, Pinot Noir*, Crémant* u.a.

Weinbereitung

Der Ausbau erfolgt zum größten Teil im Holzfaß, ein Teil der Burgundersorten reift im Barrique.

Stil der Weine

Mit Ausnahme der Cuvée Jean-Baptiste sind die Rieslingweine trocken und schlank und schon relativ jung trinkreif. Harmoni-

Qualität: *
Weinbergsfläche: 7 ha
Jährliche Abfüllung: 200.000
Preis ab Keller:
Spitzenweine: 3–6
andere Weine: 1–3

sche Pinot Gris und Gewürztraminer, mit cremiger Süße in den Qualitätsstufen Cuvée Blanche (eine häufig im November gelesene „kleine“ Spätlese), VT und SGN.

200 Jahre Tradition

Jean-Baptiste Scherer – nach ihm sind die etwas milder ausgebauten Cuvées benannt – kaufte das eindrucksvolle Gut Anfang des 19. Jahrhunderts. Der junge Christophe Scherer führt seit 1991 die Weinbautradition im hochgelegenen Husseren-les-Châteaux fort. Mit Hilfe von Reinzuchthefen entstehen schlanke, elegante Weine, die von zahllosen Restaurants in Frankreich und dem Ausland geschätzt werden. Sehr einheitlich ausgefallen sind die Abfüllungen des 96er Jahrgangs (Ausrutscher waren keine zu entdecken), 1995 gelangen Spitzenweine – darunter ein bemerkenswert vielschichtiger Riesling Grand Cru Pfersigberg – wie auch eher durchschnittliche Erzeugnisse.

Versuche mit dem Barrique

Zu Recht kann man fragen, ob bei den Auxerrois und Pinot Gris, die im kleinen Holzfaß ausgebaut sind, Trauben- oder Lagencharakter noch vorhanden sind. Jedenfalls beherrscht Scherer den Umgang mit dem Holz, er denkt nicht im Traum an mehrmonatige Lagerung in zu 100 Prozent neuen Barriques (wie es mancher Kollege in einem Anfall von Übermut versucht), sondern dosiert das Holz je nach Charakter und Qualität des Ursprungsweines. Nie wirkt der Barriqueton aufdringlich, auch nicht beim Pinot Noir (gelungener, tieffarbiger 96er).

Charles Schleret

1–3, Route d'Ingersheim, F-68230 Turckheim
Tel. 0033/389270609
Inhaber: Charles Schleret

Qualität: ★★★
Weinbergsfläche: 7 ha
Jährliche Abfüllung: 40.000
Preis ab Keller:
Spitzenweine: 2–6
andere Weine: 1–2

Einer der individuellsten und besten Winzer des Elsaß. Und merkwürdigerweise einer der am wenigsten bekannten.

Die Spitzenweine

Gewürztraminer★★
Pinot Gris★★
Muscat VV★★
Riesling★★
Cuvée Spéciale★★
Cuvée Prestige★★★
Cuvée Exceptionnelle★★★
Pinot Noir★★

Andere Weine

Muscat★★, Gewürztraminer★★, Sylvaner★, Pinot Blanc★

Weinbereitung

Die Vergärung erfolgt mit traubeneigenen Hefen, der Ausbau ausschließlich in temperaturkontrollierten Edelstahltanks.

Stil der Weine

Komplex, sagenhaft konzentriert, in der Regel trocken. Dichte Frucht besitzt der Gewürztraminer, übersprudelnde florale und aprikosenfeine Aromen der Muscat, buttrig-nussige Fülle der Pinot Gris.

Bei den Cuvées Speciale, Prestige oder Exceptionnelle handelt es sich um veritable Vendanges Tardives oder SGN aus den Rebsorten Riesling, Gewürztraminer oder Pinot Gris – mit schier unglaublicher Konzentration.

Ein Winzer mit Selbstbewußtsein

Charles Schleret ist ein eigenwilliger Winzer. Aber auch einer der besten der ganzen Region. Nur dezent weisen Hinweisschilder den Weg zu seinem Betrieb am Rande von Turckheim; wer sich doch vorgearbeitet hat zu diesem Weingut, wird höflich, aber schweigsam empfangen. Alle verfügbaren Weine können probiert werden – auch der sehr rare Pinot Blanc, der gar nicht erst auf der Preisliste auftaucht –, und nach und nach läßt sich der zurückhaltende Winzer doch einmal einige Worte der Erklärung entlocken. Schleret, der das kleine Weingut seit den fünfziger Jahren bewirtschaftet, hält nichts von Holzfässern (oder gar Barriques, Gott bewahre!), stellt auch keinen Crémant her. Dafür ließ er schon vor über dreißig Jahren seine Moste temperaturkontrolliert vergären – damals eine Sensation im Elsaß.

Spitzenweine zum Schnäppchenpreis

Nur raten läßt sich, welche Faktoren den Schleretschen Weinen diese unnachahmliche Komplexität verleihen. Alte Reben (im Durchschnitt 35 Jahre), geringe Erträge, kühle Vergärung ohne Reinzuchthefen und möglichst wenige Behandlungsschritte im Keller dürften das ihre dazu beitragen. Daß die immer überdurchschnittlichen, häufig exzellenten Weine – sie stammen aus der nicht klassifizierten Lage Herrenweg – zu so günstigen Preisen verkauft werden, läßt staunen. Das gilt auch für den tieffarbigen, nach roten Früchten duftenden Pinot Noir, ein weingewordenes Plädoyer gegen den Einsatz von neuem Holz.

Domaines Schlumberger

100, Rue Théodore Deck, F-68500 Guebwiller
Tel. 0033/389742700, Fax 0033/389748575
Inhaber: Éric und Eveline Beydon-Schlumberger

Qualität: ★★
Weinbergsfläche: 140 ha
Jährliche Abfüllung: 1 Mio.
Preis ab Keller:
Spitzenweine: 3–6
andere Weine: 2–4

Größe schließt Qualität nicht aus – wie das Weingut Schlumberger seit vielen Jahren beweist.

Die Spitzenweine

Gewürztraminer Kitterlé★★
Gewürztraminer Kessler★★
Pinot Gris Kitterlé★★
Riesling Kitterlé★★
Riesling Saering★
Gewürztraminer Cuvée Christine★★
Gewürztraminer Cuvée Anne★★★
Pinot Gris Cuvée Clarisse★★★

Andere Weine

Gewürztraminer Fleur★, Pinot Gris Prince Abbés★, Muscat Prince Abbés★, Gewürztraminer Prince Abbés★, Riesling Prince Abbés★, Pinot Blanc★, Schlumberger Réserve★, Pinot Noir★ u.a.

Weinbereitung

Vergärung mit traubeneigenen Hefen, Ausbau in Holzfässern.

Stil der Spitzenweine

Verhaltene florale Noten bei den Gewürztraminern, mineralische Aromen bei den Rieslingen. Vor allem die Traminer wei-

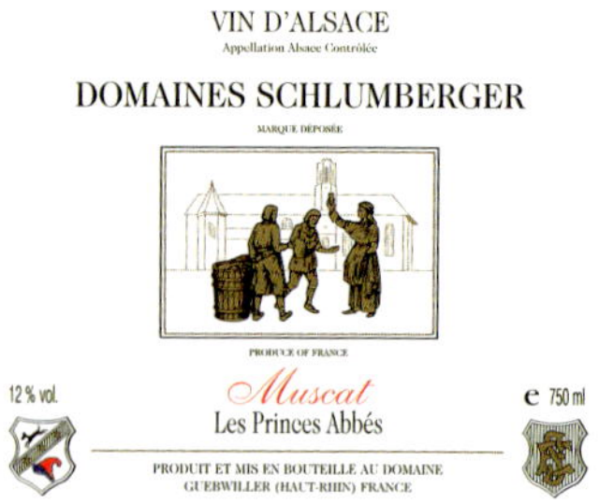

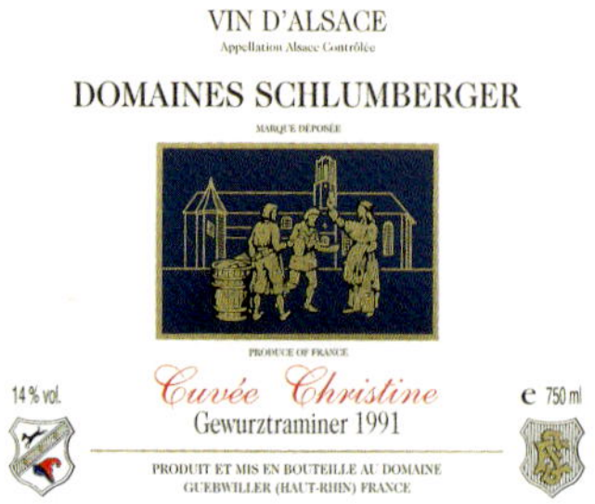

sen häufig einige Gramm Restsüße auf, der Kessler besitzt meist tiefere, würzigere Duftnoten und einen volleren Körper.

70 Hektar Grand-Cru-Fläche

Wer über die Domaines Schlumberger spricht, kommt um Superlative nicht herum. 140 Hektar Weinbergbesitz – davon die Hälfte in den Grand-Cru-Lagen Kitterlé, Kessler, Saering, und Spiegel – machen den Betrieb zum größten privaten Weingut im Elsaß. Die im Jahr 1810 von Nicolas Schlumberger gegründete Domaine konzentriert sich auf die Erzeugung von Spitzenweinen. Ein Durchschnittsertrag von angeblich rund 45 hl/ha (auch wenn es ein paar mehr sein sollten, bleibt man doch weit unter dem elsässischen Mittel!) ist wahrlich nicht selbstverständlich in der Region. Da und dort schleicht sich freilich schon mal ein bloß ordentlicher Wein ins Repertoire – wie der 94er Gewürztraminer Fleur. Doch bleiben solche Enttäuschungen glücklicherweise die absolute Ausnahme. Fast zwei Drittel der Erzeugung wandern in den Export – hauptsächlich nach Belgien, Japan, in die USA und nicht zuletzt auch nach Deutschland.

Hier arbeiten 65 Angestellte... und 5 Pferde

Tradition und Moderne mischen sich in diesem Betrieb auf eindrucksvolle Weise. Éric und Eveline Beydon-Schlumberger gebieten über ein modernes Unternehmen, doch die Batterie an ehrwürdigen Holzfässern und die im Weinberg eingesetzten Pferde sprechen für Geschichtsbewußtsein. Die nur in außergewöhnlichen Jahrgängen erzeugten VT (Cuvée Christine) und SGN (Cuvée Anne) sind nichts weniger als perfekt vinifizierte Süßweine aus der Rebsorte Gewürztraminer. Noch seltener ist die Cuvée Clarisse, eine bislang nur 1989 erzeugte Pinot Gris Sélection de Grains Nobles.

JEAN-PAUL SCHMITT

Hühnelmühle, F-67750 Scherwiller
Tel. 0033/388823474, Fax 0033/388820031
Inhaber: Jean-Paul Schmitt

Qualität: ★★
Weinbergsfläche: 8 ha
Jährliche Abfüllung: 55.000
Preis ab Keller:
Spitzenweine: 2–5
andere Weine: 1–2

Gerade zurück von der Universität, verblüfft der junge Önologe Jean-Paul Schmitt schon die Weinwelt.

Die Spitzenweine

Riesling Rittersberg★★
Pinot Gris Rittersberg★★
Muscat Rittersberg★★
Gewürztraminer Rittersberg★★
Gewürztraminer VT★★★

Andere Weine

Pinot Blanc Rittersberg★, Sylvaner Rittersberg★, Pinot Noir★★

Weinbereitung

Ausbau fast ausschließlich in Stahltanks, der Pinot Noir reift in Barriques.

Stil der Spitzenweine

Messerscharfe Rieslinge, komplex, trocken, mineralisch. Phantastisch extraktreiche Pinot Gris, Gewürztraminer und Muscats. Nur der Jahrgang 1997 fiel durchweg reif und überreif aus (mächtige und dennoch pikante VT vom Gewürztraminer), die Weine ragen noch über den hohen Standard der letzten Jahre hinaus.

Weingut im Aufbau

Als der junge Önologe Jean-Paul Schmitt 1994 das elterliche Weingut übernahm, machte er sich schnurstracks daran, das an der Universität erworbene Fachwissen zu verwerten. Aus dem vollkommen unbekannten Betrieb, ein ganzes Stück außerhalb des Dörfchens Scherwiller versteckt, entstand einer der vielversprechendsten Geheimtips des Elsaß. Das Erfolgsrezept für erstklassige Weine? Ganztraubenpressung, erstaunlich geringe Erträge (zwischen 40 und 45 hl/ha im Durchschnitt, der Pinot Noir erbringt nur 35 Hektoliter), temperaturkontrollierte Gärung in Stahltanks und schonende Filtrierung. Die eleganten, lagerfähigen 96er beeindrucken durch die Bank – vom vor Frucht strotzenden Muscat aus 100 Prozent Ottonel bis zum eleganten, spottbilligen Pinot Blanc. Der 1997er Pinot Noir (acht Tage Maischegärung, vorsichtiger Barriqueausbau) dürfte sich in drei, vier Jahren zu einem sagenhaften Rotwein entwickelt haben.

Praktikum in der Provence

Jean-Paul Schmitt spricht nicht viel über seine Weine, er schenkt lieber eine Probe ins Glas und wartet auf Kommentare. Noch hat der engagierte Winzer, der ein Praktikum in den provenzalischen Domaines Ott absolvierte, wohl nicht die adäquate Kundschaft. Aber es wäre doch gelacht, wenn sich die durchgängig bemerkenswerte Qualität seiner Weine nicht schon bald herumspräche! Neben dem Weingutsgebäude, das auch ein von der Familie geführtes Restaurant beherbergt, entsteht gerade ein modern eingerichtetes Verkaufslokal.

ROLAND SCHMITT

35, Rue des Vosges, F-67310 Bergbieten
Tel. 0033/388382072, Fax 0033/388387584
Inhaber: Anne-Marie Schmitt

Qualität: ★★
Weinbergsfläche: 9 ha
Jährliche Abfüllung: 45.000
Preis ab Keller:
Spitzenweine: 3–6
andere Weine: 1–3

Modische Restsüße ist für die dynamische und resolute Anne-Marie Schmitt ein Tabu: Fans von trockenen Weinen kommen auf ihre Kosten.

Die Spitzenweine

Riesling Altenberg VV★★
Riesling Altenberg★
Gewürztraminer Altenberg
Cuvée Lucile★★
Pinot Gris Altenberg
Cuvée Roland★★
Gewürztraminer VT★★

Andere Weine

Pinot Gris Altenberg★, Riesling Glintzberg VV★, Riesling Glintzberg★, Gewürztraminer Glintzberg★, Pinot Blanc★, Sylvaner★, Pinot Noir★ u.a.

Weinbereitung

Der Ausbau erfolgt ausschließlich im Stahltank.

Stil der Spitzenweine

Wer mineralische, erdige, trockene Weine mit markanter Säure sucht, wird im abgelegenen Bergbieten sein Paradies finden. Nur wenig süßer sind die Spitzencuvées „Roland" und „Lucile".

Eine Italienerin im Elsaß

Anne-Marie Schmitt, die Elsässerin neapolitanischer Herkunft, schwört auf Weine ohne Süße. Wenn die quirlige Winzerin so richtig in Fahrt kommt, wenn gleich ein halbes Dutzend Weinfreunde in der kleinen Probierstube Platz genommen haben und sich durchs Sortiment kosten, dann erläutert sie beredt, warum die Weine zum Essen passen müssen. Niemand sollte glauben, er käme noch zu Wort, wenn Anne-Marie Schmitt auf diese Weise über Weinbau, ihre Vorliebe für Stahltanks oder die Bedeutung des elsässischen Rieslings in der Welt doziert. Seit dem Tod ihres Mannes Roland 1993 führt die energische Winzerin den Betrieb allein.

Ein Ausnahmejahrgang

Anne-Marie Schmitt konnte es nicht ändern: 1997 wollten die Mostgewichte einfach nicht aufhören, eine Rekordhöhe nach der anderen zu erklimmen. Ideal für mächtige Weine mit Restsüße – Cuvée Lucile und Cuvée Roland fielen in diesem Jahr tatsächlich ungewöhnlich zuckerreich aus –, doch für trockene Weißweine schwierig. Anne-Maries Leidenschaft für durchgegorene Kreszenzen führte 1997 zu übertrieben üppigen Gewürztraminern mit dichten Lakritznoten, aber bis zu 15 Prozent Alkohol. Ob sie jemals harmonisch werden?

Schneider

17, Rue du Tir, F-68770 Ammerschwihr
0033/389782386, Fax 0033/389473891
Inhaber: René, Bernard und Martin Schneider

Selbstdarstellung ist den drei Schneiders fremd, PR unbekannt. Aber mit der Weinerzeugung kennen sie sich aus.

Die Weine

Gewürztraminer Kaefferkopf*, Riesling Kaefferkopf*, Gewürztraminer Mambourg*, Gewürztraminer*, Pinot Blanc*, Sylvaner*, VT** (Pinot Gris, Gewürztraminer), Pinot Noir*, Crémant* u.a.

Stil und Ausbau der Weine

Zumeist im großen Holzfaß ausgebaut, präsentieren sich die Weine schlank und alles andere als überladen. Pinot Gris und Gewürztraminer von den Lagen Kaefferkopf und Mambourg weißen einige Gramm Restsüße auf, die nie dominiert.

Weinqualität für jeden Tag

Bernard und Martin Schneider sind konsequent. Schmeckt ihnen mal ein Wein nicht, dann verkaufen sie den Faßinhalt eben an einen Händler. Abgefüllt werden ehrliche Tropfen mit lobenswertem Verhältnis von Preis und Leistung.

Qualität: *
Weinbergsfläche: 10 ha
Jährliche Abfüllung: 55.000
Preis ab Keller: 1–4

Domaine Maurice Schoech

4, Route de Kientzheim, F-68770 Ammerschwihr
Tel. 0033/389782578, Fax 0033/389781366
Inhaber: Sébastien und Jean-Léon Schoech

Qualität: ★★
Weinbergsfläche: 7,5 ha
Jährliche Abfüllung: 45.000
Preis ab Keller:
Spitzenweine: 3–6
andere Weine: 1–3

Kaum ein Ort im Elsaß beherbergt so viele gute Winzer wie Ammerschwihr – die Brüder Schoech zählen zu den empfehlenswertesten.

Die Spitzenweine

Gewürztraminer Kaefferkopf★★
Riesling Kaefferkopf★★
Muscat Mambourg★★
VT★★★, SGN★★★ (Pinot Gris, Gewürztraminer)

Andere Weine

Pinot Gris★, Gewürztraminer★, Riesling★, Muscat★, Pinot Blanc★, Côtes d'Ammerschwihr★, Pinot Noir Pièce de Chêne★★, Pinot Noir★

Weinbereitung

Ausbau in Holzfässern oder Inoxtanks, teilweise in Barriques (nur Pinot Noir).

Stil der Spitzenweine

Der Kaefferkopf zeigt hier seine ganze Klasse: Finessenreich, ohne aufdringliche Alkohol- oder Restzuckerwerte der Riesling; rosenwürzig und honigvoll der Traminer. Dezent und komplex präsentiert sich der Muscat

Mambourg aus 100 Prozent Muscat à Petits Grains – er verkörpert eher den schweren Boden des Kalk-Mergel-Grand Cru als die Rebsorte.

Erfahrungen aus Burgund

Ohne Aufsehen zu erregen arbeiten die Brüder Schoech im kleinen Ammerschwihrer Weingut still vor sich hin – die Weine werden zu 80 Prozent von privaten Stammkunden erworben. Dabei hätte das Gut durchaus einen höheren Bekanntheitsgrad verdient! Jean-Léon Schoech hat von einem Praktikum im Burgund Erfahrungen mit dem Barriqueausbau mitgebracht (neben dem in neuem Holz ausgebauten Pinot Noir stellen die Schoechs eine weitere Cuvée her, die in gebrauchten Barriques lagert). Dem Muscat verhilft Jean-Léon Schoech mittels Batonnage (Aufrühren der Hefe) zu Komplexität, aber auch ein simpler Pinot Blanc zeichnet sich – möglichst lange Zeit in Kontakt mit der Feinhefe gereift – durch mineralische Fülle aus.

Kaefferkopf – ein Unikum

Weil er aus zwei getrennten Parzellen mit unterschiedlichen Bodenstrukturen besteht, wurde der Kaefferkopf bislang nicht als Grand Cru klassifiziert. Eine Entscheidung, die niemanden so recht befriedigt, denn ohne jeden Zweifel handelt es sich bei der Ammerschwihrer Lage um eine der vorzüglichsten im Elsaß. Die Brüder Schoech ernten ihre Trauben von dem Granitteil des Kaefferkopfs – was die lange Lagerfähigkeit erklärt. Während beim Riesling die Rebsorte angegeben wird, steht sie beim Gewürztraminer aus Traditionsgründen nicht auf dem Etikett. Dennoch handelt es sich um einen reinsortigen Traminer und nicht um eine Assemblage beider Sorten, wie sie andere Winzer in Ammerschwihr erzeugen.

Domaine Schoffit

66–68, Nonnenholzweg, F-68000 Colmar
Tel. 0033/389244114, Fax 0033/389414052
Inhaber: Bernard Schoffit

Qualität: ★★★
Weinbergsfläche: 15 ha
Jährliche Abfüllung: 100.000
Preis ab Keller:
Spitzenweine: 3–6
andere Weine: 2–3

Der neue Star unter den elsässischen Winzern widmet sich auch vernachlässigten Rebsorten mit Begeisterung.

Die Spitzenweine

Riesling Clos Saint-Théobald★★★
Pinot Gris
Clos Saint-Théobald★★★
Gewürztraminer
Clos Saint-Théobald★★★
Muscat Clos Saint-Théobald★★
Cuvée Alexandre★★ (Riesling, Pinot Gris, Gewürztraminer)
VT★★★, SGN★★★ (Riesling, Pinot Gris, Gewürztraminer)

Andere Weine

Chasselas VV★★, Pinot Blanc Cuvée Caroline★★, Riesling Harth Cuvée Prestige★★, Muscat Cuvée Prestige★★, Pinot Gris Cuvée Caroline★★, Auxerrois★, Sylvaner★, Pinot Noir★, Crémant★ u.a.

Weinbereitung

Ganztraubenpressung ist Standard in diesem Betrieb, Reinzuchthefen werden nicht verwendet. Ausbau im Holzfaß oder Edelstahltank, lange Lagerung auf der Feinhefe ist obligatorisch. Keine Barriqueverwendung.

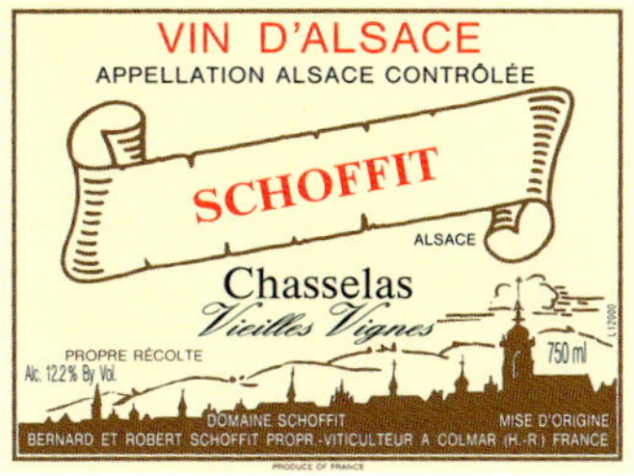

Stil der Spitzenweine

Equilibre, Gleichgewicht, ist das Zauberwort. Pikante, reife Säure gleicht die häufig vorhandene dezente Restsüße perfekt aus. Während als Cuvée Prestige schlanke, trockene Weine abgefüllt werden, sind die Cuvées Caroline und Alexandre (letztere entspricht praktisch einer Vendange Tardive) mehr oder weniger süß.

Legendärer Grand Cru

Als Bernard Schoffit im Jahre 1985 die Chance bekam, die Vier-Hektar-Parzelle Clos Saint-Théobald im berühmten Grand Cru Rangen de Thann zu erwerben, griff er sofort zu. Aus dieser einzigen Vulkangesteinslage des Elsaß erzeugt der junge Winzer Weine, denen bereits ein legendärer Ruf vorauseilt. Der Ertrag im zehnjährigen Durchschnitt betrug im Rangen de Thann gerade mal 24 Hektoliter pro Hektar! Aber auch aus dem Colmarer Weinberg Harth gewinnt Schoffit eine Vielzahl von herausragenden (und preiswerten!) Weinen. Was man aus Chasselas (bei Schoffit wird er oft mit Restzucker abgefüllt) oder Pinot Blanc machen kann, das zeigt er mit bewundernswerter Virtuosität.

Sorgfalt in Weinberg und Keller

Organische Düngung, Ganztraubenpressung, Verzicht auf Reinzuchthefen und Chaptalisierung – das sind einige der strengen Qualitätsgrundsätze von Bernard Schoffit. Unterstützt von Vater Robert, filtriert er seine Weine sehr vorsichtig und füllt sie bereits vor der sommerlichen Hitze auf die Flasche. Seine Spät- und Beerenauslesen heben sich vom üblichen Elsaßstil deutlich ab: Sie besitzen eher wenig Alkohol (die grandiose 94er Gewürztraminer Rangen SGN nur elf Prozent bei 200 Gramm vorhandenem Zukker), dafür sagenhafte Finesse und Eleganz.

Albert Seltz

21, Rue Principale, F-67140 Mittelbergheim
Tel. 0033/388089177, Fax 0033/388085272
Inhaber: Albert und Pierre Seltz

Qualität: ★★
Weinbergsfläche: 11 ha
Jährliche Abfüllung: 100.000
Preis ab Keller: 1–6

Ein Weingut, von dem man noch viel hören (und kosten) wird...

Die Weine

Sylvaner Zotzenberg VV★★, Riesling Zotzenberg★★, Riesling Brandluft★★, Sylvaner Cuvée Julie★★, Cuvée Prestige★★★ (Riesling, Pinot Gris, Gewürztraminer), Pinot Noir★ u.a.

Stil und Ausbau der Weine

Meist im Holzfaß gereift, sind fast alle Weine trocken, mineralisch, unkompliziert – mit Ausnahme der Cuvées Julie und Prestige.

Ein eigenwilliger Winzer

Der kosmopolitische Pierre Seltz, der in Kalifornien Önologie studierte, hat die Weinbereitung mittlerweile an Sohn Albert übergeben. Und der beginnt mit Experimenten: Barriqueausbau und der famose edelsüße Sylvaner unter der Bezeichnung Cuvée Julie sind nur zwei von vielen Ideen des Jungwinzers. Von dem 1565 gegründeten Betrieb dürfte noch einiges zu erwarten sein!

SICK-DREYER

17, Route de Kientzheim, F-68770 Ammerschwihr
Tel. 0033/389471131, Fax 0033/389473260
Inhaber: Pierre Dreyer

Qualität: ★
Weinbergsfläche: 13 ha
Jährliche Abfüllung: 100.000
Preis ab Keller: 1–6

Gewürztraminer im traditionellen Stil ist der Stolz des Betriebes.

Die Weine

Gewürztraminer Kaefferkopf Cuvée Joseph Dreyer★★, Riesling Kaefferkopf Cuvée Joseph Dreyer★, Pinot Gris Kaefferkopf Cuvée René Sick★, Gewürztraminer Kaefferkopf★, VT★★, SGN★★ (Pinot Gris, Gewürztraminer), Crémant★ u. a.

Stil und Ausbau der Weine

Zu 80 Prozent im Holzfaß ausgebaut, erweisen sich die Gewürztraminer als die eigentliche Stärke des Betriebes. Vor allem die Cuvée Joseph Dreyer besitzt Länge und feine Rosen- oder Teearomen, aber auch die übrigen Gewürztraminer-Cuvées bis hinauf zu den raren Vendanges Tardives oder Sélections de Grains Nobles überzeugen mit Komplexität. Ungleichmäßiger in der Qualität zeigen sich leider die praktisch trocken abgefüllten Rieslinge – dem zurückhaltenden Pierre Dreyer wäre in dieser Hinsicht mehr Konstanz zu wünschen.

Domaine Siffert

16, Route des Vins, F-67600 Orschwiller
Tel. 0033/388920277, Fax 0033/388827002
Inhaber: Maurice und Jeanine Siffert

Qualität: ★
Weinbergsfläche: 9,5 ha
Jährliche Abfüllung: 850.000
Preis ab Keller:
Spitzenweine: 2–6
andere Weine: 1–3

Maurice Sifferts frische Chasselas und Sylvaner müssen sich hinter den Rieslingen oder Gewürztraminern nicht verstecken.

Die Spitzenweine

Riesling Praelatenberg★★
Gewürztraminer
Praelatenberg★★
VT★★, SGN★★ (Riesling, Gewürztraminer)

Andere Weine

Pinot Gris Barrique★, Gewürztraminer★, Chasselas VV★, Sylvaner VV★, Pinot Blanc★, Riesling Eclipse de Soleil★, Pinot Noir Barrique★★, Pinot Noir★, Crémant★, Crémant Rosé★ u. a.

Weinbereitung

Ausbau in Holzfudern oder Stahltanks, teilweise in Barriques. Die Spitzencuvées ruhen einige Monate auf der Feinhefe.

Stil der Spitzenweine

Die Südostlage Praelatenberg bringt Rieslinge mit offenen Zitrusaromen hervor; sie sind würzig und besitzen meist eine

Spur Restsüße. Ebenso wie die trotz alkoholischer Fülle eher schlank wirkenden Gewürztraminer sind sie sehr lagerfähig.

Chasselas von alten Reben

In der sechsten Generation bewirtschaften Maurice und Jeanine heute die Domaine Siffert. 1993 feierte man das 200jährige Bestehen des Betriebes am südlichen Ortsausgang von Orschwiller. Noch mehr als auf das Alter des Weingutes ist der leutselige Maurice Siffert auf jenes der Reben stolz. Die Vorteile knorriger, ertragarmer Rebstöcke machen sich bei Chasselas und Sylvaner, mineralisch frischen Zechweinen, besonders bemerkbar. Weil die Sifferts mit dem neuen Holz sehr vorsichtig umgehen, überzeugen sowohl buttrige Pinot Gris (die bloß sechs Wochen in neuen Vogesenbarriques verbrachten) als auch Pinot Noir (acht Tage Maischegärung und zwei Monate Barriquelagerung). Der Riesling Eclipse de Soleil ist ein leichter, fruchtiger Riesling, eine unkomplizierte Alternative zum komplexeren Grand Cru.

Eine uralte Lage

Zu den ältesten bekannten Lagen des Elsaß zählt der Praelatenberg, unterhalb der legendären Hoch-Königsburg. Kurz nach dem Tod Karls des Großen, anno 823, wurde er erstmals urkundlich erwähnt, der von den Prälaten der Ebersmünsterer Abtei bewirtschaftete Weinberg. Der schwere, leicht erwärmbare Boden ist immer für langlebige Gewürztraminer und Rieslinge gut, selbst in den weniger großen Jahren.

Jean Sipp

60, Rue de la Fraternité, F-68150 Ribeauvillé
Tel. 0033/389736002, Fax 0033/389738238
Inhaber: Jean und Martine Sipp

Qualität: ★★
Weinbergsfläche: 23 ha
Jährliche Abfüllung: 180.000
Preis ab Keller:
Spitzenweine: 3–6
andere Weine: 1–3

Mit dem Barrique weiß Jean Sipp umzugehen. Der Vollblutwinzer setzt es so gekonnt ein wie kaum ein Kollege im Elsaß.

Die Spitzenweine

Pinot Gris
Clos de Ribeaupierre★★
Pinot Gris Trottacker★★
Riesling Kirchberg★★
VT★★, SGN★★ (Riesling, Pinot Gris, Gewürztraminer)

Andere Weine

Gewürztraminer VV★★, Riesling VV*, Pinot Gris Réserve★★, Riesling Réserve★, Riesling★, Gewürztraminer Réserve★, Muscat Réserve★, Pinot Blanc★, Sylvaner★, Pinot Noir Privilège★, Crémant★, Crémant Blanc de Noir★ u.a.

Weinbereitung

Langsame, temperaturkontrollierte Gärung bei 20°C, Ausbau im Stahltank, Holzfaß oder Barrique. Lagerung auf der Feinhefe bis zum Juli.

Stil der Spitzenweine

Unumstrittener neuer Star des Sipp-Repertoires ist der Pinot

Gris vom Clos de Ribeaupierre, einer terrassierten Steillage hoch über dem Ort. Schon der erste Jahrgang, der 96er, besitzt ein tolles Süße-Säure-Spiel und schier unglaubliches Potential. Die mineralischen Rieslinge von der Kalkmergel-Lage Kirchberg sind nicht immer völlig durchgegoren, aber sehr langlebig (noch sehr frisch wirkt der 83er!), die Pinot Gris weisen dichte Aromen nach Butter und Mandeln auf.

Experimente mit Augenmaß

Mitte des 17. Jahrhunderts sprechen die Chroniken Ribeauvillés von einem Jean Guillaume Sipp, das Weingutsgebäude stammt gar aus dem Jahr 1416. Auf diese Tradition sind Jean Sipp und seine sympathische Frau Martine stolz, aber hindert sie dies, mit neuen Techniken zu experimentieren? Keineswegs, doch Sipp übertreibt nicht. Seinen Pinot Gris Clos de Ribeaupierre erntete er 1996 mit einem Ertrag von 20 Hektolitern pro Hektar und 115 Öchsle, nur ein Zehntel lagerte ein knappes Jahr lang im neuen Barrique. Zur Hälfte mit malolaktischer Gärung wurde der schlanke 97er Pinot Blanc ausgebaut, der frische Muscat durfte vor der Gärung eine Nacht lang Aromen aus den Beerenhäuten extrahieren.

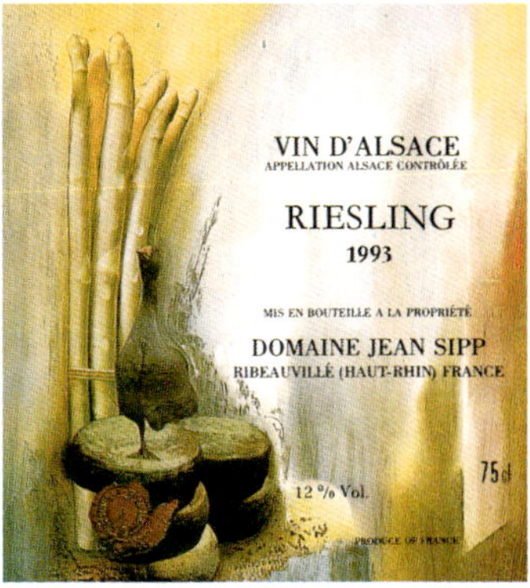

Nur nichts überstürzen!

Selbstverständlich darf es sich nicht nur der Pinot Gris, sondern auch der Pinot Noir im Barrique gemütlich machen. Von ausschließlich neuem Holz aber hält der dynamische *winemaker* aus Ribeauvillé auch hier nichts. 1996 reifte nur ein Drittel im kleinen Faß, nur langsam soll dieser Anteil gesteigert werden. Jean Sipp liebt es, mit den verschiedenen Holzarten zu spielen. Tronçaiseiche und Vogesenholz mit unterschiedlich starker Röstung verleihen dem Wein sehr spezifische Aromen, die von Schokolade bis zu gegrilltem Brot changieren.

SIPP-MACK

1, Rue des Vosges, F-68150 Hunawihr
Tel. 0033/389736188, Fax 0033/389733670
Inhaber: Jacques und Vincent Sipp

Qualität: ★★
Weinbergsfläche: 17 ha
Jährliche Abfüllung: 135.000
Preis ab Keller:
Spitzenweine: 2–5
andere Weine: 1–2

Riesling, Gewürztraminer, Pinot Noir? Ja, aber die eigentlichen Stars im Weingut Sipp-Mack sind die Pinot Gris.

Die Spitzenweine

Pinot Gris Réserve★★
Riesling Rosacker★★
Pinot Gris Cuvée Amélie★★
Gewürztraminer
Cuvée Lucie Marie★★
Pinot Gris SGN★★★
Crémant★

Andere Weine

Riesling Réserve★, Gewürztraminer Réserve★, Gewürztraminer★, Muscat★, Sylvaner★, Pinot Blanc★, Riesling★, Edelzwicker★, Pinot Noir★

Weinbereitung

Alle Spitzenweine lagern zumindest einige Monate im Holzfaß, die Gärung verläuft langsam, im Herbst wird abgefüllt. Bis zu drei Jahren Hefereifung für den Crémant.

Stil der Weine

Trocken, dicht, mit markanter Säure präsentieren sich die Rieslinge der Grand-Cru-Lage

Rosacker. Alle Pinot Gris sind erstaunlich elegant und beeindrucken mit lobenswertem Gleichgewicht zwischen Säure, Alkohol und dezenter Süße. Bei den Cuvées Amélie und Lucie Marie handelt es sich um merklich süße Weine der Spätlese-Kategorie.

Brüder mit Qualitätsstreben

Seit die Brüder Jacques und Vincent in der neunten Generation das alte Familiengut übernommen haben, geht es mit dem Niveau der Weine weiter aufwärts. Man ist nicht mehr weit entfernt vom Bekanntheitsgrad der Boxlers in Niedermorschwihr, die seit kurzem praktisch zur Familie gehören: Vincent, der sich um den Weinberg kümmert, ist mit Isabelle Boxler verheiratet. Jacques, der für Kellerarbeit und Vermarktung zuständige Bruder, macht es sich nicht einfach. Wie leicht könnte er sich damit begnügen, mittelprächtige Erzeugnisse an die Weinstraßentouristen zu verscherbeln... Doch die Sipps setzen auf Qualität: Gelesen wird von Hand, die Erträge liegen niedrig. Vom Zeitpunkt der Lese bis zum Verkauf der Weine vergehen wenigstens 18 Monate.

Holz muß sein, sagt Jacques Sipp

„Einige Zeit im Holzfaß tut den Spitzenqualitäten gut, die Weine brauchen den Sauerstoff", beteuert Jacques Sipp. Darüber mag man diskutieren, in jedem Fall bietet der alte Faßkeller aus dem 17. Jahrhundert den idealen Rahmen für eine Weinprobe. In deren Verlauf erlebt man gelungene Pinot Gris aus den Jahrgängen 1994 und 1996 – von der eleganten 96er Réserve (teilweise Milchsäuregärung) bis zur 94er SGN mit 165 Öchsle und honigfeiner Botrytisnote. Auch am Barrique-Pinot Noir versuchen sich die Sipp-Brüder nun (mit durchaus vielversprechendem Ergebnis), der Crémant aus Chardonnay, Riesling und Pinot Blanc ist ein gekonnt assembliertes Schnäppchen.

Bruno Sorg

8, Rue Monseigneur Stumpf, F-68420 Eguisheim
Tel. 0033/389418085, Fax 0033/389412264
Inhaber: François Sorg

Qualität: ★★
Weinbergsfläche: 10 ha
Jährliche Abfüllung: 80.000
Preis ab Keller:
Spitzenweine: 2–6
andere Weine: 1–2

Finessenreiche Weine zu sympathischen Preisen – das gibt es auch im Touristenparadies Eguisheim.

Die Spitzenweine

Riesling Pfersigberg VV★★
Gewürztraminer Pfersigberg★★
Muscat Pfersigberg★★
Riesling Pfersigberg★★
Riesling Florimont★
VT★★, SGN★★★ (Riesling, Pinot Gris, Gewürztraminer)

Andere Weine

Riesling VV★, Pinot Gris VV★, Gewürztraminer VV★★, Muscat★, Pinot Blanc★, Sylvaner★, Pinot Noir Barriques★, Crémant★ u.a.

Weinbereitung

Ausbau im Holzfaß oder im Edelstahltank, Pinot Noir reift im Barrique. Die Abfüllung auf Flaschen erfolgt früh, manchmal wird direkt von der Hefe gefüllt.

Stil der Spitzenweine

Sechs, sieben Gramm Restsüße bleiben beim Riesling Pfersigberg schon mal übrig. Zu schmecken ist diese Kleinigkeit

aber, dank Extrakt und reifer Säure, nie. Volle Aromen nach Mandarinenschalen und Pfirsichen zeichnen die jungen Rieslinge aus, bevor sie nach vier, fünf Jahren mineralisieren. Aufdringliche Petrolaromen entwickeln die Sorgschen Weine aber nicht.

Weg zwischen Tradition und Moderne

Zum Weingut Bruno Sorg führen die Wege der zahlreichen Eguisheim-Besucher nur selten – obwohl das Gut lediglich wenige Schritte vom Eguisheimer Marktplatz entfernt liegt. Wer bei François Sorg und seiner Frau Régine vorbeischaut, der weiß warum, der sucht komplexe Rieslinge, allen voran den aus alten Reben vom Pfersigberg. Die Sorgs haben offenbar den richtigen Weg zwischen Tradition und vorsichtigen Experimenten gefunden. So wird der Barrique-Pinot Noir nur zu höchstens einem Drittel in neuen Holzfässern ausgebaut (was beim fragilen 95er dennoch schon zuviel des Guten war; der 97er verkraftet die Holztannine wesentlich besser). Sorgs fruchtiger, ausgeglichener Crémant ist den geforderten Preis wert.

Warten auf Botrytis

Was die Spätlesen und Beerenauslesen angeht, so gehen die Meinungen im Elsaß auseinander. Die einen Winzer weigern sich beharrlich, ohne Edelfäule eine Vendange Tardive auszubauen, den anderen kommt es nur auf das Mostgewicht an. François Sorg gehört zu den Botrytis-Verfechtern, und glücklicherweise entwickelten auch im gesunden Jahrgang 1997 genügend Beeren die begehrte Edelfäule. Seine Süßweine aus Riesling (tolle 97er SGN, von der nur 400 Liter eingebracht wurden) oder Gewürztraminer (saftige, elegante 94er SGN) zählen zu den schönsten von Eguisheim.

Pierre Sparr

1, Rue de la 1ère Armée, F-68240 Sigolsheim
Tel. 0033/389782422, Fax 0033/389473262
Inhaber: Familie Sparr

Ob in den Vereinigten Staaten oder in Asien – Weine aus dem Hause Pierre Sparr sind in aller Welt bekannt. Nicht zu Unrecht...

Die Spitzenweine

Gewürztraminer Mambourg★★
Gewürztraminer Brand★★
Riesling Schlossberg★★
Riesling Mambourg★★
VT★★, SGN★★★ (Riesling, Pinot Gris, Gewürztraminer)
Crémant Dynastie★★
Crémant Blanc de Noirs★★
Crémant Pinot Gris★★

Andere Weine

Sélection Sparr Prestige★★ (Riesling, Pinot Gris, Gewürztraminer), Kaefferkopf★, Riesling Altenbourg★, Chasselas VV★, Pinot Blanc Diamant★, Klevener de Heiligenstein★, Chasselight★, Pinot Noir Fût de Chêne★, Crémant Rosé★ u.a.

Weinbereitung

Der Ausbau der Weine erfolgt in Stahltanks oder Holzfässern, der Pinot Noir Fût de Chêne darf bis zu einem Jahr in Barriques verbringen.

Qualität: ★★
Weinbergsfläche: 35 ha
Jährliche Abfüllung: 2 Mio.
Preis ab Keller:
Spitzenweine: 3–6
andere Weine: 1–4

Stil der Spitzenweine

Fast alle Weine des Hauses Pierre Sparr sind elegant, technisch perfekt vinifiziert und bereits jung ein Genuß. Vor allem die Gewürztraminer sind kompakt, aber nicht übertrieben üppig in der Nase, die Rieslinge weisen markante Zitrusnoten auf. Trocken sind hier fast alle Sorten, auch die verschiedenen, zurückhaltend dosierten Crémants.

Modernste Technik und neue Weinideen

In diesem Sigolsheimer Weinunternehmen, das sich hinter bescheidener dörflicher Fassade verbirgt, wird an der Technik nicht gespart. Pierre Sparr, der für die Vinifizierung zuständige Önologe, erläutert gern die selbstverfaßte Qualitätscharta, die sich das 1680 gegründete Handelshaus geschrieben hat – und die peinlich genau eingehalten wird. Pneumatische Pressen der neuesten Generation, sehr langsame Kelterung, temperaturgesteuerte Gärung, Kältestabilisierung bei 0 Grad – nichts wird hier dem Zufall überlassen. Mit neuen Weintypen versucht man auch jüngere Kunden zu gewinnen: Der Chasselight ist ein frischer, nicht chaptalisierter Sommerwein aus der verkannten Gutedeltraube. Auch die große Palette an Basis-Cuvées aus dem Hause Sparr enttäuscht fast nie.

Erfolg mit Crémant

An den schäumenden Weinen der Sparrs kommt niemand vorüber, der sich für elsässischen Crémant interessiert. Seit 1973 stellt man hier Vins Mousseux her, die erst seit der gesetzlichen Regelung von 1976 den Namen Crémant führen. Ihre Qualität steigerte sich kontinuierlich: Nicht nur die Cuvée Dynastie auf der Basis von Pinot Blanc (cremige und zitronig-frische Duftnoten), auch der volle Blanc de Noirs oder der Pinot Gris gehören zu den besten Schaumweinen der Region.

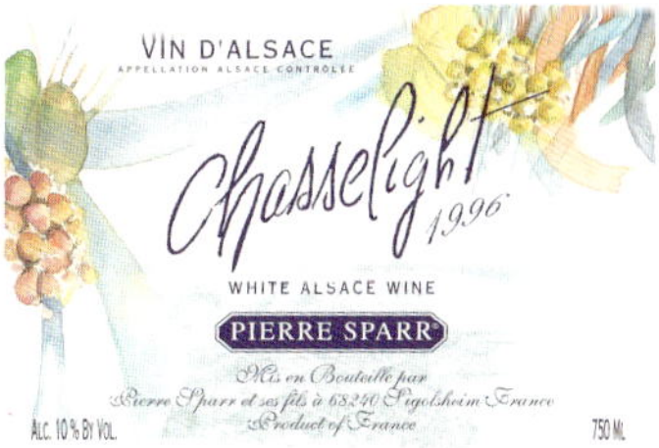

Domaine Spielmann

Route de Thannenkirch, F-68750 Bergheim
Tel. 0033/389733595, Fax 0033/389732249
Inhaber: Sylvie Spielmann

Qualität: ★
Weinbergsfläche: 8 ha
Jährliche Abfüllung: 60.000
Preis ab Keller:
Spitzenweine: 3–6
andere Weine: 1–2

Vorurteile männlicher Kollegen haben Sylvie Spielmann nie beeindruckt. Die junge Winzerin beweist ihr Können mit kraftvollen Rieslingen oder Gewürztraminern.

Die Spitzenweine

Riesling Kanzlerberg★★
Gewürztraminer Kanzlerberg★
Gewürztraminer Altenberg★
VT★★, SGN★★ (Riesling, Pinot Gris, Gewürztraminer)

Andere Weine

Gewürztraminer Blosenberg★, Pinot Gris Blosenberg★, Muscat★, Sylvaner★, Pinot Noir★, Crémant Blanc de Noirs★ u.a.

Weinbereitung

Vergärung mit traubeneigenen Hefen, Ausbau in Holz oder Stahl; die Spitzenweine werden im August/September abgefüllt.

Stil der Spitzenweine

In der Jugend weist der Riesling vom Kanzlerberg reife Aromen nach Zitrusfrüchten und kandierter Zitronenschale auf. Markante Säure und eine Spur Restsüße erfordern mehrjährige

Flaschenreife. Die Gewürztraminer können schon mal eine Spur alkoholisch wirken, dafür sind Sylvie Spielmanns Vendanges Tardives und SGN elegante Weine voll dichter Frucht und pikanter Säure. Nur im superreifen Jahrgang 1997 mangelt es der Riesling SGN ein wenig an Rasse.

Auf eigene Faust

Ihr erster Jahrgang war der 88er – Sylvie Spielmann übernahm damals das Weingut von Vater Jean-Martin. Die junge Frau hatte ihre Ausbildung in der Champagne absolviert, ein Jahr lang arbeitete sie in den Vereinigten Staaten. Noch immer sind alleinverantwortliche Frauen eine große Ausnahme im elsässischen Weinbau, von manchen männlichen Kollegen argwöhnisch bestaunt. Aber Sylvie Spielmann kümmerte sich keinen Deut um skeptische Bemerkungen und schaffte es, das qualitative Niveau des Gutes zu halten. Und mittlerweile ist sie nicht mehr die einzige alleinverantwortliche Winzerin, andere haben sich an der Bergheimerin ein Beispiel genommen. Hat der Wein die Gärung beendet und gibt es im Weinberg mal weniger zu tun, reist Sylvie Spielmann für ihr Leben gern durch die Welt – nach Deutschland, Italien oder Kanada.

Steile Lagen oberhalb von Bergheim

Gute Lagen sind schon mal die halbe Miete. Sylvie Spielmann weiß das und würde deshalb auch um keinen Preis ihre Parzellen im berühmten Altenberg oder im Kanzlerberg hergeben. Die für elsässische Verhältnisse steile Grand-Cru-Lage Altenberg de Bergheim leitet ihren Namen vom lateinischen altus (hoch) ab – und nicht etwa vom Alter des Weinbergs. Weniger bekannt ist der Kanzlerberg, der mit 3,23 Hektar kleinste Grand Cru der Region. Die Gewächse dieser Lage mit schwerem Boden (Gipsmergel und Muschelkalk) benötigen viel Zeit, um zu voller Reife aufzulaufen.

Charles Stoeffler

4, Rue des Jardins, F-67140 Barr
Tel. 0033/388085250, Fax 0033/388081709
Inhaber: Martine und Vincent Stoeffler

Qualität: ★★
Weinbergsfläche: 12 ha
Jährliche Abfüllung: 90.000
Preis ab Keller:
Spitzenweine: 3–6
andere Weine: 1–3

Martine und Vincent, die dynamischen Önologen aus Barr, erzeugen eine Fülle interessanter Weine.

Die Spitzenweine

Riesling Kirchberg★★
Pinot Gris Kirchberg★★
Gewürztraminer Kirchberg★★
Riesling Schoenenbourg★
VT★★, SGN★★ (Pinot Gris, Gewürztraminer)
Crémant Millésimé★

Andere Weine

Riesling Muhlforst★, Pinot Gris Cuvée Prestige★, Gewürztraminer Cuvée Prestige★, Klevener de Heiligenstein★, Muscat★, Sylvaner★, Pinot Blanc★, Pinot Noir★, Rouge de Barr★, Crémant Rosé★, Crémant Blanc de Blancs★ u.a.

Weinbereitung

Temperaturkontrollierte Gärung im Stahltank bei maximal 22° C, weiterer Ausbau im Holzfaß, lange Lagerung auf der Feinhefe.

Stil der Weine

Eine gute Säurestruktur ist das A und O der Stoefflerschen Weine: Die Rieslinge sind trocken

und elegant, mit Aromen nach Orangenblüten, Pfirsichen oder Passionsfrüchten; Pinot Gris und Gewürztraminer vom Kirchberg besitzen eher mineralische Traubenaromen, behalten eine dezente, harmonische Restsüße.

Ein dynamisches Team

Seit 1988 bewirtschaften die beiden jungen Önologen Martine und Vincent Stoeffler die elterlichen Rebflächen – sie befinden sich rund um Barr, aber ebenso zwischen Hunawihr und Riquewihr – zusammen. Sogleich begannen sie, mit eleganten Weinen auf sich aufmerksam zu machen. Die dynamischen Weinmacher ziehen alle Register des Qualitätsweinbaus: Gründüngung und weitgehender Verzicht auf chemische Spritzmittel sind für sie ebenso selbstverständlich wie Ganztraubenpressung und Verwendung traubeneigener Hefen. Grand-Cru-Weine bleiben bis zum Juni auf der Feinhefe. Der Lohn sind ebenso elegante wie komplexe Weine, die bereits jung Spaß machen, aber auch Alterungspotential besitzen. Der Ausbau von Riesling (ein 95er Muhlforst) und Pinot Noir im Barrique führt zu mindestens interessanten Ergebnissen. Die Crémants, kraftvoll und schmelzend, besitzen ein ausgezeichnetes Preis-Leistungs-Verhältnis.

Eine Lebensphilosophie

Kennengelernt haben sie sich an der Universität von Dijon, und immer noch sind die beiden Stoefflers viel unterwegs in der Welt des Weines. Martine ist Vorsitzende der europäischen Akademie der Önophilen, Vincent immerhin Präsident der Winzer von Barr. Sie sprechen gern über ihre Arbeit: Was sie hier machen, so strahlen sie, sei keine normale Berufsausübung, sondern eine Lebensphilosophie.

Marc Tempé

16 oder 24, Rue de Schlossberg, F-68340 Zellenberg
Tel. 0033/389478522, Fax 0033/389478522
Inhaber: Marc Tempé

Qualität: ★★
Weinbergsfläche: 7,5 ha
Jährliche Abfüllung: 40.000
Preis ab Keller:
Spitzenweine: 2–6
andere Weine: 2–4

Der ehemalige Weinhändler arbeitet erst seit 1995 als Winzer. Seine unkonventionellen Weine sorgen für Aufsehen.

Die Spitzenweine

Gewürztraminer Mambourg★★
Gewürztraminer Rodelsberg★★
Pinot Gris Schoenenbourg★★
Riesling Burgreben★★
Pinot Gris Vogelgarten★★
VT★★★, SGN★★★ (Pinot Gris, Gewürztraminer)

Andere Weine

Pinot Gris Zellenberg★★, Gewürztraminer Zellenberg★★, Pinot Blanc Priegel★★, Riesling Zellenberg★★, Auxerrois VV★, Sylvaner Zellenberg★, Pinot Blanc Zellenberg★, Riesling St-Hippolyte★, Pinot Noir Altenbourg★

Weinbereitung

Ausbau im Holzfaß, teilweise im Barrique. Die Weine werden nicht geschönt und vor der Flaschenfüllung im September nur leicht gefiltert.

Stil der Spitzenweine

Komplex, lang, mit frischer Säure und im Regelfall trocken.

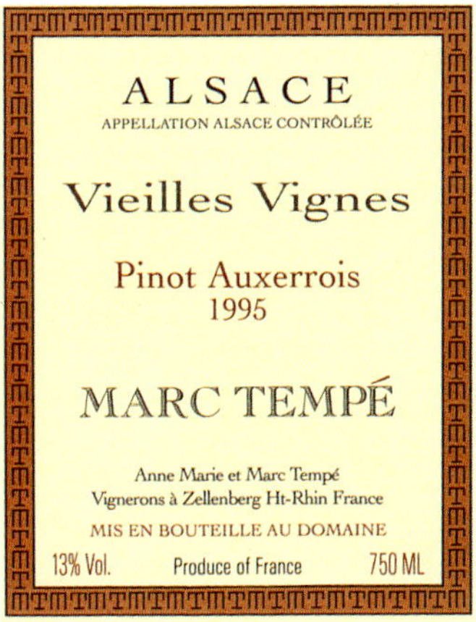

Da Marc Tempé sich stark an den Eigenheiten des Jahrgangs orientiert, fallen seine Weine immer etwas anders aus – 1997 etwa reif, dicht, süßer als gewöhnlich. Im Gegensatz zu vielen Kollegen gelangen Tempé 1995 rassige, saftige Rieslinge mit viel Potential.

Vom Händler zum Winzer

Warum nur fremde Weine verkaufen, dachte sich eines Tages Marc Tempé, Geschäftsführer einer Colmarer Weinhandlung. 1993 übernahm er mit seiner Frau Anne-Marie den kleinen elterlichen Betrieb, der bislang die Trauben bei der Genossenschaft ablieferte. Schon bald wurden die ersten Kenner auf seine ungewöhnlichen Weine und den nicht eben konventionellen Arbeitsstil aufmerksam. Marc Tempé schwört auf Biodynamie, legt großen Wert auf Ausbau im Holzfaß, macht vor der Flaschenfüllung keine Analyse. „Man muß den Wein verstehen lernen“, sagt er und wartet geduldig ab, wenn die Gärung sich bis zum Sommer hinzieht. Geringe Hektarerträge und alte Reben tun das ihrige, um eindrucksvolle Weine entstehen zu lassen, selbst aus den anderswo mißachteten Rebsorten Sylvaner oder Auxerrois.

Zum Ziel mit ungewöhnlichen Prinzipien

So manch traditioneller Kollege würde sich entsetzt abwenden, erführe er von Marc Tempés Experimenten mit dem kleinen Holzfaß oder der anderswo gefürchteten Milchsäuregärung. „Wenn er die Malo macht, dann ist es gut“, sagt der Enthusiast über seinen Wein. Der kompakte 97er Sylvaner hat sie gemacht, und vom gefürchteten Buttermilchton ist nichts zu bemerken. Eine im Frühjahr 1998 noch im Barrique liegende 96er Gewürztraminer Sélection de Grains Nobles soll ohne Filtrierung auf Flaschen gezogen werden. Auf die Ergebnisse dieser – und vieler anderer – Versuche darf man gespannt sein.

Domaine du Tonnelier

88, Rue du Maréchal Foch, F-67650 Dambach-la-Ville
Tel. 0033/388924119, Fax 0033/388924710
Inhaber: Louis und Claude Hauller

Qualität: ★
Weinbergsfläche: 9 ha
Jährliche Abfüllung: 100.000
Preis ab Keller: 1–6

Aus diesem Familienbetrieb kommen Weine von erstaunlich gleichmäßiger Qualität.

Die Weine

Riesling Winzenberg★, Riesling Cuvée Burckardus★, Riesling Fronholz★, Gewürztraminer Frankstein★, Sylvaner Cuvée „L"★, VT★★, SGN★★ (Riesling, Pinot Gris, Gewürztraminer), Pinot Noir★, Crémant★ u.a.

Stil und Ausbau der Weine

In 100jährigen Holzfässern oder Stahltanks werden die Weine ausgebaut. Önologische Geheimrezepte befolgen Louis und Claude Hauller nicht, sie begnügen sich mit sorgfältiger Kellerarbeit. Und das ist ja auch schon einiges! Die Rieslinge (kraftvoller, im allgemeinen trockener Winzenberg) und Gewürztraminer (eleganter Grand Cru Frankstein) sind ihren Preis wert, ein Schnäppchen ist der frische Sylvaner „L". Obwohl der Bekanntheitsgrad des Betriebes kaum über Dambach hinausreicht, ist dies eine empfehlenswerte Adresse für sauber vinifizierte Weine.

TRIMBACH

15, Route de Bergheim, F-68150 Ribeauvillé
Tel. 0033/389736030, Fax 0033/389738904
Inhaber: Familie Trimbach

Bereits im Jahre 1898 erhielten die Weine höchste Auszeichnungen, ihre Qualität hat bis heute nicht nachgelassen.

Die Spitzenweine

Riesling Clos Sainte-Hune★★★
Riesling Frédéric Émile★★★
Gewürztraminer Seigneurs de Ribeaupierre★★★
Pinot Gris Réserve Personnelle★★
VT★★★, SGN★★★ (Riesling, Pinot Gris, Gewürztraminer)

Andere Weine

Riesling Réserve★★, Gewürztraminer Réserve★★, Pinot Gris Réserve★★, Muscat Réserve★★, Riesling★, Gewürztraminer★, Sylvaner★, Pinot Blanc★, Pinot Noir Réserve★

Weinbereitung

Die Weine werden temperaturkontrolliert und langsam vergoren (manchmal mit Reinzuchthefen), lagern einige Monate auf der Feinhefe, werden aber vergleichsweise früh abgefüllt. Mehrere Jahre Flaschenlagerung werden den Spitzengewächsen zugestanden, bevor sie in der Verkauf gelangen.

Qualität: ★★
Weinbergsfläche: 27 ha
Jährliche Abfüllung: 1 Mio.
Preis ab Keller:
Spitzenweine: 5–6
andere Weine: 2–4

Stil der Spitzenweine

Ein Monument von einem Wein ist der Riesling Clos Sainte-Hune, einer der komplexesten des Elsaß: trocken, mineralisch, fast fett, mit vielschichtigen Aromen vom Kräutern, Mandarinen, Blüten. Sehr lang ist der 93er (er gärte bis Mai), der vom Faß verkostete 97er läßt noch mehr erwarten (ist das überhaupt möglich?). Seinen Höhepunkt erreicht der Clos Sainte-Hune – von dem jährlich nur wenige tausend Flaschen produziert werden – frühestens nach zehn Jahren. Kaum weniger reichhaltig ist der Riesling Cuvée Frédéric Émile, ebenso durchgegoren wie der Gewürztraminer Seigneurs de Ribeaupierre.

Understatement pur

Der Clos Sainte-Hune oberhalb von Hunawihr, gerade 1,2 Hektar groß, gehört offiziell zum Grand Cru Rosacker. Weil er sich im Trimbachschen Alleinbesitz befindet, wurde er nicht als Grand Cru klassifiziert. Rechtlich zulässig wäre die zusätzliche Angabe des Begriffes Grand Cru Rosacker – doch die Trimbachs verzichten auf dieses Privileg. Dieser Wein besitzt einen geradezu legendären Bekanntheitsgrad (und leider auch einen hohen Preis), der nicht gesteigert werden muß. Auch bei ihren übrigen Cuvées betreiben sie Understatement und geben nie die Grand-Cru-Lagen an, von denen die Weine stammen. Solche Bescheidenheit setzt sich auch bei den schlichten Flaschenformen und Etiketten fort.

Der Stil Trimbach

Was ist das Geheimnis eines guten Weines? Exzellente Lagen (die Trimbachs besitzen sie in nicht unerheblicher Anzahl), alte Reben (aber ja) und geringe Hektarerträge (50–60 Hektoliter im Durchschnitt). Die Vettern Pierre und Bernard, bereits die zwölfte Trimbach-Generation, verfolgen unbeirrt ihren Stil, die „Méthode Trimbach". Und die heißt seit Jahrhunderten schlicht und einfach: kompromißlos trockene Weine, außer bei den natürlich süßen Spätlesen (Vendanges Tardives) und Beerenauslesen (Sélections de Grains Nobles). Bereits vor hundert Jahren erhielten die Spitzenweine des Hauses höchste Auszeichnungen. Selbst die einfachen Rebsortenweine besitzen hier eine Qualität, welche die leicht überdurchschnittlichen Preise vergessen läßt, und die zurückhaltend als Réserve bezeichneten Sorten übertreffen die Grands Crus mancher Kollegen bei weitem. Mag solches Understatement, die zurückhaltende Etikettierung oder der Verzicht auf modische Flaschenformen manchem auch antiquiert erscheinen – auf lange Sicht dürfte sich diese Traditionsverbundenheit durchsetzen.

Dreisterneweine

Ein wenig Stolz klingt schon durch, wenn Pierre Trimbach von den unzähligen Dreisternerestaurants berichtet, die seine Weine führen. Ob in Paris (L'Arpège) oder in deutschen Gourmettempeln – an Trimbachweinen kommt niemand vorbei, der nach erstklassigen Rieslingen oder Gewürztraminern sucht. Der Verzicht auf modisch gewordene Restsüße trägt dazu bei, daß Clos Sainte-Hune oder Gewürztraminer Seigneurs de Ribeaupierre hervorragend zum Essen passen. Gerade diese Konsequenz im Ausbau, das Beharren auf trockenen Weinen, hat vermutlich zu dem sensationellen Erfolg in der Spitzengastronomie beigetragen. Auch wer nur einen simplen Pinot Blanc von Trimbach ordert, weiß, was er bekommt (und muß nicht damit rechnen, von einem zuckrigen Tropfen unangenehm überrascht zu werden). Wer aber doch Süßigkeiten sucht, findet sie auch hier – und in welcher Qualität! Die Gewürztraminer Sélections de Grains Nobles (bislang wurden nur im botrytisgeprägten Jahrgang 1989 in winzigen Mengen Super-VT und -SGN unter dem Begriff „Hors Choix" erzeugt) besitzen sensationelle Fülle.

Cave de Turckheim

16, Rue des Tuileries, F-68230 Turckheim
Tel. 0033/389270625, Fax 0033/389273533
Winzergenossenschaft

Qualität: ★
Weinbergsfläche: 350 ha
Jährliche Abfüllung: 4,5 Mio.
Preis ab Keller:
Spitzenweine: 3–6
andere Weine: 1–3

Mit den Weinen qualitätsbewußter Winzer können die Grands Crus der Cave de Turckheim durchaus konkurrieren.

Die Spitzenweine

Riesling Schoenenbourg★★
Riesling Brand★★
Pinot Gris Brand★★
Pinot Gris Hengst★★
Gewürztraminer Brand★★
Gewürztraminer Sporen★★
Gewürztraminer Hengst★★
VT★★, SGN★★ (Pinot Gris, Gewürztraminer)

Andere Weine

Riesling Wineck-Schlossberg★★, Riesling Ollwiller★, Riesling La Décapole★, Gewürztraminer Ollwiller★, Pinot Gris Herrenweg★, Muscat Réserve★, Sylvaner Réserve★, Rouge de Turckheim★, Crémant★ u.a.

Weinbereitung

Ausbau in Stahl- oder Betontanks, ein Teil des Rotweins reift in Barriques.

Stil der Weine

Alle Weine der Cave de Turckheim sind ausgesprochene *vins*

de repas, die ideal zum Essen passen: schlank, meist trocken, nie übertrieben alkoholreich.

Weine für jeden Anlaß

Wie alle anderen elsässischen Winzergenossenschaften produziert auch die 1955 gegründete Cave de Turckheim eine beachtliche Vielfalt an Rebsorten- und Lagenweinen. Direktor Gilbert Brandt und Önologe Jean-Michel Lihrmann haben sich mit dem nicht überragenden, aber sehr zuverlässigen Crémant unter dem Markennamen Mayerling (jeweils zur Hälfte Pinot Blanc und Auxerrois) sowie markanten Rieslingen einen Namen im In- und Ausland gemacht. Von so berühmten Grand-Cru-Lagen wie Hengst oder Sporen kommen elegante Gewürztraminer und Pinot Gris. Unter den Basislinien Tradition und Réserve finden sich dagegen schon mal weniger überzeugende Ergebnisse. Insgesamt erreicht die Gesamtqualität der Turckheimer Genossenschaft nicht ganz jene der Kollegen von Pfaffenheim.

Zusammenschluß im großen Stil

Neben den 250 Winzern, die unmittelbar in der Cave de Turckheim zusammengeschlossen sind, reicht das Imperium noch weiter. Das traditionsreiche Riquewihrer Handelshaus Preiss-Zimmer wird von Turckheim aus verwaltet, mit der Cave Vinicole d'Obernai bildet die Genossenschaft das Mammutunternehmen Divinal. Es bleibt zu hoffen, daß der Qualitätsstandard von Turckheim aber trotz dieser stategischen Kooperationen auch weiterhin gehalten werden kann.

Charles Wantz

36, Rue Saint-Marc, F-67140 Barr
Tel. 0033/388089044, Fax 0033/388085461
Inhaber: Éliane Wantz und Erwin Moser

Qualität: ★
Weinbergsfläche: 20 ha
Jährliche Abfüllung: 1,5 Mio.
Preis ab Keller: 1–6

Moden oder Zeitgeistströmungen gehen spurlos vorüber an diesem Handelshaus mit der eindrucksvollen Geschichte – ganz gewiß kein Nachteil!

Die Weine

Gewürztraminer Cuvée Exceptionnelle★★, Riesling Wiebelsberg★, Sylvaner „Z"★, VT★★, SGN★ (Pinot Gris, Gewürztraminer), Rouge d'Ottrott★, Crémant★ u.a.

Stil und Ausbau der Weine

Wie die meisten der elsässischen *négociants* erzeugt auch das Handelshaus Wantz eine große Vielfalt technisch gut gemachter Weine. Der Stil ist eher schlank und trocken, Gewürztraminer der Stufe Cuvée Exceptionnelle oder die Grands Crus weisen tadellose Qualität auf; unter den einfacheren Weinen (Réserve Personnelle) kann es dann und wann schon mal Enttäuschungen geben. Doch unter dem Strich bleibt der Großbetrieb, der seine Weinbautradition bis zum Jahr 1563 zurückverfolgen kann, eine zuverlässige Adresse.

Bernard Weber

49, Route de Saverne, F-67120 Molsheim
Tel. 0033/388385267, Fax 0033/388385881
Inhaber: Bernard Weber

Lebhaft verteidigt Bernard Weber seinen Weinstil: Die frischen und säurebetonten Rieslinge benötigen einige Jahre der Reife.

Die Spitzenweine

Riesling Bruderthal★★
Gewürztraminer Bruderthal★
VT★★, SGN★★ (Riesling, Muscat, Gewürztraminer)

Andere Weine

Muscat Bruderthal★, Gewürztraminer★, Pinot Gris★, Sylvaner★, Pinot Blanc★, Pinot Noir★, Crémant★, Crémant Rosé★★

Weinbereitung

Der Ausbau erfolgt regelmäßig im Holzfaß. Sowohl der normale als auch der Rosé-Crémant lagern 24 Monate auf der Hefe und werden mit geringer Dosage abgefüllt.

Stil der Spitzenweine

Schlank, mineralisch, trocken, mit markanter Säure, benötigen die Rieslingweine zwingend drei oder vier Jahre Reife. Dann aber können die Weberschen Gewächse prächtige Harmonie erlangen.

Qualität: ★
Weinbergsfläche: 6 ha
Jährliche Abfüllung: 30.000
Preis ab Keller:
Spitzenweine: 2–6
andere Weine: 1–2

Nachhaltige Erfahrungen in Deutschland

Zwei Jahre arbeitete der sympathische Bernard Weber im Pfälzer Spitzenweingut Bassermann-Jordan, erlebte den Jahrhundertjahrgang 1971 in Deutschland mit. Bald darauf übernahm er das vom Großvater gegründete Weingut, wenige Meter vom historischen Molsheimer Ortskern entfernt. Seitdem verwirklicht er konsequent und von manch hämischer Kritik unberührt seinen sehr persönlichen Weinstil, den er lebhaft verteidigt. Chaptalisiert oder entsäuert wird nur selten, die Zeit sorgt für Harmonie bei Rieslingen und Pinot Gris. Leichter zugänglich sind der frische Sylvaner mit Heudüften oder der Pinot Blanc aus 100 Prozent Auxerrois.

Erfolge und Enttäuschungen

Mehr als bei anderen Winzern besitzen die Weine Bernard Webers Individualität. Hier entstehen manchmal herausragende Gewächse, die mit den besten des Elsaß wetteifern können (eine ungeheuer finessenreiche 92er Riesling SGN, eigentlich ein *vin de glace,* bei minus 10 Grad gelesen und mit üppigen Aromen von eingemachten Früchten lockend). Doch einzelne Cuvées können auch schon mal weniger überzeugen (94er Muscat Bruderthal mit etwas aufdringlicher Nase oder die fast brandige 89er Gewürztraminer VT). Immer zuverlässig fallen die Crémants aus: jener aus Chardonnay (geringe Dosage) und sein roséfarbenes Pendant mit deutlicher Erdbeernote.

Domaine Weinbach

Clos des Capucins, F-68240 Kaysersberg
Tel. 0033/389471321, Fax 0033/389473818
Inhaber: Colette, Catherine und Laurence Faller

Qualität: ★★★
Weinbergsfläche: 25 ha
Jährliche Abfüllung: 130.000
Preis ab Keller:
Spitzenweine: 6
andere Weine: 2–5

Seit Jahrzehnten bereits stehen Colette Faller und ihre Töchter für üppige und wahrhaft große Weine.

Die Spitzenweine

Riesling Schlossberg
Cuvée Sainte-Catherine★★★
Pinot Gris Altenbourg
Cuvée Laurence★★★
Gewürztraminer Altenbourg
Cuvée Laurence★★★
Gewürztraminer Fürstentum
Cuvée Laurence★★★
VT★★★, SGN★★★, Quintessence★★★ (Riesling, Pinot Gris, Gewürztraminer)

Andere Weine

Riesling Cuvée Sainte-Catherine★★, Riesling Schlossberg★★, Riesling Cuvée Théo★★, Pinot Gris Cuvée Sainte-Catherine★★, Gewürztraminer Cuvée Théo★★, Gewürztraminer Cuvée Laurence★★, Muscat Réserve★★, Sylvaner Réserve★, Pinot Blanc Réserve★, Pinot Noir Réserve★ u. a.

Weinbereitung

Individueller, langsamer Ausbau in Holzfässern, keine Verwendung von Reinzuchthefen.

Stil der Spitzenweine

Dicht, komplex, trocken und mit Aromen von reifen Früchten erweisen sich die Rieslinge als extrem langlebig. Pinot Gris und Gewürztraminer, sagenhaft konzentriert und gleichzeitig üppig und elegant, können jahrgangsbedingt etwas Restsüße aufweisen.

Spitzenweine aus dem Clos

Er ist längst Legende, der Clos des Capucins, jener ehemalige Kapuzinerweinberg vor Kaysersberg. Das Weingut, benannt nach einem Bach, der durch die Reben fließt, stammt aus dem Jahr 1612, wurde von den Kapuzinermönchen errichtet und bis zur Französischen Revolution auch bewirtschaftet. Reben wuchsen hier freilich schon im Mittelalter, urkundlich überliefert ist Weinbau in dieser Parzelle im Jahr 890. Nach verschiedenen Besitzerwechseln während des 19. Jahrhunderts gelangte das malerisch inmitten der Rebenflut gelegene Gut im Jahr 1898 in die Hände der Familie Faller. Théo Faller, eine der großen Persönlichkeiten des Elsässer Weinbaus, machte den Betrieb in den fünfziger und sechziger Jahren unseres Jahrhunderts endgültig zu einem der besten und berühmtesten Güter im europäischen Weinbau.

Engagierte Weinmacherinnen

Nach Théos Tod 1979 führten die engagierte Colette Faller sowie ihre sympathischen Töchter Laurence (zuständig für die Vinifikation) und Catherine (Marketingchefin) den Betrieb allein weiter. Und wie! Zu Recht gehört das Gut – mit der Domaine Zind-Humbrecht und wenigen anderen – zu den zuverlässigsten der Region; selbst in den schlechtesten Jahrgängen gelingen hier wegen der durch kurzen Anschnitt reduzierten Erträge (zwischen 45 und 55 hl/ha) und der Ganztraubenpressung überwältigende Kreszenzen. Individueller Ausbau in Fuderfässern ist ebenso selbstverständlich wie Verzicht auf chemische Düngung. Muß man extra erwähnen, daß keine einzige Traube dieses Gutes jemals mit einer Maschine geerntet wurde?

„Quintessence“ mit Konsequenz

Leider ist einige Zeit nötig, um die Angaben auf den Fallerschen Etiketten zu verstehen. Der Name Clos des Capucins – längst ein Synonym für die Domaine Weinbach – steht auf den Etiketten aller Spitzenweine, doch nicht sämtliche stammen wirklich von diesem ummauerten Weinberg. Für höchste Qualität bürgen die Begriffe Cuvée Laurence, Cuvée Sainte-Catherine und Cuvée Théo. Eine logische Folge des individuellen Ausbaus ist die häufig praktizierte faßweise Abfüllung der Spitzencuvées. Sie werden schlicht mit römischen Ziffern gekennzeichnet. Aber ist es wirklich tragisch, wenn man angesichts der Menge an Weinen den Überblick verliert? Können doch die Weinbachschen Kreszenzen beruhigt blind gekauft werden, sie überzeugen samt und sonders. Natürlich auch die Vendanges Tardives und Sélections de Grains Nobles sowie die „Quintessences de Grains Nobles“, eine Art Super-SGN, für die Colette Faller diesen rechtlich nicht geschützten Namen erfunden hat. Im Vergleich mit den großen Trockenbeerenauslesen deutscher Weingüter, mit denen die Quintessences qualitativ allemal konkurrieren können, sind sie gar nicht mal übertrieben teuer. Übrigens dauert es bei Weinen der höchsten Kategorien in der Regel knappe zwei Jahre vom Datum der Lese, bis sie in den Handel gelangen. In dieser Beziehung läßt man hier nicht mit sich reden... Und das, obwohl sich zahlreiche Kunden schon geraume Zeit zuvor ungeduldig nach diesen Kreszenzen erkundigen. Die vielleicht komplexesten Beerenauslesen seit vielen Jahren gelangen den Fallers im botrytisreichen Jahrgang 1994. Sowohl die Gewürztraminer- als auch die Pinot-Gris-SGN begeistern, ganz zu schweigen von der Gewürztraminer-Quintessence.

Gérard Weinzorn

133, Rue des Trois Épis, F-68230 Niedermorschwihr
Tel. 0033/389271802, Fax 0033/389270423
Inhaber: Claude Weinzorn

Qualität: ★
Weinbergsfläche: 8 ha
Jährliche Abfüllung: 60.000
Preis ab Keller: 1–5

Eine Glanzleistung: Die Rieslinge des jungen Claude Weinzorn verbinden Eleganz mit Komplexität.

Die Weine

Riesling Sommerberg★★, Riesling Brand★★, Pinot Gris Sommerberg★, Gewürztraminer Cuvée Josephine★, VT★★ (Riesling, Pinot Gris, Gewürztraminer), Pinot Noir★, Crémant★ u. a.

Stil und Ausbau der Weine

Die Domaine Weinzorn gehört zu den elsässischen Betrieben mit Zukunft. Ihre markanten, fast schon stahligen Rieslinge von den Grand-Cru-Lagen Brand und Sommerberg zählen zu den zuverlässigsten Qualitäten von Niedermorschwihr, jenem sympathischen kleinen Weindorf, an dem die meisten Elsaßtouristen vorüberfahren. Dem jungen Claude Weinzorn, der den Betrieb von Vater Gérard übernommen hat, ist noch einiges zuzutrauen. Noch wenigstens sechs, sieben Jahre dürften sich die 96er Rieslinge positiv entwickeln, sowohl die 95er als auch die 97er sind früher trinkreif.

Alsace Willm

32, Rue du Docteur Sultzer, F-67140 Barr
Tel. 0033/388081911, Fax 0033/388085621
Inhaber: Cave Vinicole d'Eguisheim

Qualität: ★
Weinbergsfläche: 20 ha
Jährliche Abfüllung: 800.000
Preis ab Keller: 2–6

Kein Zweifel: Das Highlight des Hauses ist wie eh und je der Gewürztraminer.

Die Weine

Gewürztraminer Clos Gaensbroennel★★, Gewürztraminer Kirchberg★★, VT★★, SGN★★ (Gewürztraminer, Pinot Gris), Riesling Kirchberg★, Pinot Gris Kirchberg★, Muscat★, Gewürztraminer Cuvée Emile Willm★, Pinot Blanc★, Sylvaner★, Gentil Gaensbroennel, Rouge★, Crémant Cuvée Emile Willm★ u.a.

Stil und Ausbau der Weine

Das 1896 gegründete Handelshaus hat sich mit den Weinen vom Clos Gaensbroennel einen Namen gemacht. Diese Kalkmergellage, ein Teil des Grand Cru Kirchberg, liefert intensive, langlebige Gewürztraminer. Durchaus empfehlenswert sind auch die frischen, leichten „Vin de Sélection" aus den Rebsorten Pinot Blanc und Sylvaner (und preiswert dazu!). Alsace Willm, das seit 1984 zur Cave Vinicole d'Eguisheim (Wolfberger) gehört, ist vor allem im Export aktiv.

WOLFBERGER

6, Grand' Rue, F-68420 Eguisheim
Tel. 0033/389222020, Fax 0033/389791737
Winzergenossenschaft

Eine kaum überschaubare Fülle an Weinen sprudelt aus den Kellern der Genossenschaft. Mit Pinot Gris und Riesling feiert man hier die größten Erfolge.

Die Spitzenweine

Pinot Gris Rangen★★
Riesling Hengst★★
Riesling Eichberg★★
Riesling Florimont★★
Pinot Gris Steingrübler★★
VT★★, SGN★★ (Riesling, Pinot Gris, Gewürztraminer)
Crémant Prestige★★

Andere Weine

Gewürztraminer Hatschbourg★★, Pinot Gris Pfersigberg★★, Cuvée Armories★★ (Riesling, Pinot Gris, Gewürztraminer), Riesling Cuvée des Seigneurs★, Gewürztraminer Cuvée Saint-Léon IX★, Muscat★, Gewürztraminer★, Sylvaner★, Pinot Blanc★, Pinot Noir★, Crémant Blanc de Noirs★ u. a.

Weinbereitung

Vergärung bei niedrigen Temperaturen, in aller Regel unter Verwendung von Reinzuchthefen, möglichst individueller Ausbau in Stahltanks oder Holzfudern.

Qualität: ★
Weinbergsfläche: 1.260 ha
Jährliche Abfüllung: 15,5 Mio.
Preis ab Keller: 1–6

Stil der Spitzenweine

Während die merkbaren Restzuckerwerte der Grands Crus von viel Extrakt abgepuffert werden, bleiben die meisten übrigen Weine trocken. Komplexität besitzt der Crémant Prestige, der Blanc de Noirs wirkt erstaunlicherweise zu hoch dosiert und unnötig rustikal.

Ein Weltbetrieb

Für Uneingeweihte ist es zunächst kaum erkennbar, daß sich hinter dem Namen Wolfberger die 1902 gegründete Winzergenossenschaft von Eguisheim verbirgt. Vor dreißig Jahren besaßen die Genossen gerade 142 Hektar Reben, heute sind es rund 1260. Nicht weniger als ein Zehntel der gesamten elsässischen Weinmenge wird in Eguisheim erzeugt. Entsprechend umfangreich ist das Sortiment von Generaldirektor Pierre Husssherr – es reicht von einer Batterie an technisch gutgemachten Standardweinen über die rare Cuvée Armories bis zu einer Fülle von Grands Crus, die sich sehen (ästhetische Flaschenausstattung) und schmecken lassen können. Die Wolfberger-Weine kommen zu allem Überfluß unter diversen Markennamen in den Handel, darunter Château Ollwiller oder Domaine Jux. Auch die Cave Vinicole de Wuenheim oder das Handelshaus Alsace Willm in Barr gehören nun zum Imperium.

Spitzenwein vom Rangen de Thann

Von der legendären Vulkangesteinslage Rangen de Thann gewinnt die Winzergenossenschaft seit kurzem ihren wohl besten Wein: 1995 wurde die erste Ernte eingebracht. Im Gegensatz zu anderen Rangen-Besitzern (etwa der Domaine Zind-Humbrecht oder Bernard Schoffit), hat Wolfberger hier ausschließlich Pinot-Gris-Reben gepflanzt. Der 96er besticht mit cremiger Fruchtfülle, pikantem Süße-Säure-Spiel und Potential für eine halbe Ewigkeit; kein Wunder, war dies doch elsaßweit ein traumhaftes Jahr für Grauburgunder. Es ist zu hoffen, daß dieser Qualitätsstandard auch in Zukunft gehalten werden kann.

Wunsch & Mann

2, Rue des Clefs, F-68920 Wettolsheim
Tel. 0033/389229125, Fax 0033/389800521
Inhaber: Jacques, Jean-Louis und Marc Mann

Qualität: ★
Weinbergsfläche: 19 ha
Jährliche Abfüllung: 700.000
Preis ab Keller:
Spitzenweine: 3–6
andere Weine: 1–2

Wunsch & Mann ist ein großes Handelshaus, das eine Kollektion ausgezeichneter Grands Crus produziert.

Die Spitzenweine

Gewürztraminer Steingrübler★★
Gewürztraminer Hengst★★
Gewürztraminer Pfersigberg★★
VT★★, SGN★★ (Riesling, Pinot Gris, Gewürztraminer)

Andere Weine

Pinot Gris Hengst★★, Pinot Gris Steingrübler★★, Riesling Hengst★★, Gewürztraminer Cuvée Saint-Rémy★, Riesling Cuvée du Roi Clovis★, Pinot Blanc★, Sylvaner★, Edelzwicker★, Pinot Noir Fût de Chêne★, Crémant Chardonnay★, Crémant Blanc de Noirs★ u. a.

Weinbereitung

Ausbau zum größten Teil in Stahl- oder innen mit Glas beschichteten Betontanks, ein Teil des Pinot Noir lagert in Barriques.

Stil der Spitzenweine

Kraftvoll, aber nicht übertrieben üppig, mit eher würzigen als floralen Noten präsentieren

sich die Gewürztraminer. Die Restsüße ist schmeckbar, aber gut eingebunden, Säure sorgt für lange Lagerfähigkeit.

Traminer mit Potential

Die Weine des Hauses Wunsch & Mann besitzen erstaunliches Alterungspotential. Ein 83er Gewürztraminer Steingrübler war noch 1996 ein würziger, nur leicht firner Genuß. Obwohl den 97er Weinen solche Zukunft kaum zu prophezeien ist (die ausnehmend üppigen und reifen Gewürztraminer und Pinot Gris sollten jung genossen werden), können die besten 96er allemal ein Jahrzehnt im Keller lagern. Doch wie so viele andere elsässische Weine dürften auch die meisten der hier erzeugten Spitzengewächse viel zu jung getrunken werden. Schade, zumal das durchaus gute Preis-Leistungs-Verhältnis der Grands Crus dazu verführt, einige Flaschen einzulagern...

Préféré du Père Wunsch

Bis ins 18. Jahrhundert reicht die Weinbaugeschichte der Familien Wunsch und Mann zurück, zu einer bedeutenden Weinhandelsfirma entwickelte sich das Haus aber erst in den letzten Jahrzehnten. An Großvater Wunsch erinnert noch der Edelzwicker „Préféré du Père Wunsch", eine fruchtige Melange aus Chasselas und Sylvaner, die beweist, daß unter dem mißbrauchten Begriff Edelzwicker auch ehrliche, leichte und trockene Weine erzeugt werden.

DOMAINE ZIND-HUMBRECHT

Route de Colmar, F-68230 Turckheim
Tel. 0033/389270205, Fax 0033/389272258
Inhaber: Léonard und Olivier Humbrecht

Qualität: ★★★
Weinbergsfläche: 40 ha
Jährliche Abfüllung: 160.000
Preis ab Keller:
Spitzenweine: 6
andere Weine: 3–6

Über dieses legendäre Weingut ist schon alles gesagt worden. Jede Flasche ist von außergewöhnlicher Qualität.

Die Spitzenweine

Riesling Clos Saint-Urbain★★★
Riesling Clos Windsbuhl★★★
Riesling Brand★★★
Pinot Gris Clos Saint-Urbain★★★
Pinot Gris Clos Jebsal★★★
Pinot Gris Clos Windsbuhl★★★
Gewürztraminer Clos Saint-Urbain★★★
Gewürztraminer Clos Windsbuhl★★★
VT★★★, SGN★★★ (Riesling, Pinot Gris, Gewürztraminer)

Andere Weine

Riesling Clos Hauserer★★, Riesling Herrenweg★★, Muscat Goldert★★, Pinot Gris Heimbourg★★, Pinot Gris VV★★, Gewürztraminer Hengst★★, Gewürztraminer Goldert★★, Gewürztraminer Herrenweg★★, Gewürztraminer Gueberschwihr★★, Riesling Turckheim★★, Riesling Gueberschwihr★★, Riesling Wintzenheim★★, Muscat Herrenweg★★, Pinot Blanc★★, Pinot Noir Wintzenheim★★ u.a.

Weinbereitung

Ausbau in Holzfässern im eindrucksvollen Keller, der Pinot Noir reift in Barriques aus Alliereiche.

Stil der Spitzenweine

Unglaubliche Komplexität ist vielleicht der beste Begriff, um den Stil der Domaine Zind-Humbrecht zusammenzufassen. Schmeckbare Süße ist – mit seltenen Ausnahmen – nur in den eindrucksvollen VT und SGN zu entdecken. Alle Weine, vor allem die Rieslinge, benötigen Jahre, um sich zu öffnen.

Qualität ohne Abstriche

Lauscht man den Ausführungen des jungen Olivier Humbrecht, so scheint es ganz einfach, große Weine herzustellen. Die Qualitätsprinzipien dieses in jeder Hinsicht außergewöhnlichen Betriebes sind tatsächlich streng. Sehr geringe Hektarerträge (zwischen 30 und 35 hl/ha), Verzicht auf Chaptalisation (die im übrigen auch gar nicht erforderlich wäre), Vergärung ausschließlich mit traubeneigenen Hefen. Geschönt wird nicht, und einer Filtrierung müssen sich nur die Weine mit Restsüße unterziehen. „Den Wein sowenig behandeln wie möglich“, ist das Motto Olivier Humbrechts, der von seinem Vater Léonard die Weinbereitung übernommen hat – und sich gegen die gerade elsaßweit in Mode kommende Batonnage ausspricht, das Umrühren des Hefedepots im Faß. Obwohl das moderne Weingutsgebäude am Rande Turckheims von außen eher den Charme einer Fabrik ausströmt, befinden sich im Inneren ein prächtiger, effektvoll ausgeleuchteter Holzfaßkeller und eine Batterie von Barriques. Letztere dienen ausschließlich dem Ausbau von Pinot Noir, Weißweine aus dem kleinen Holzfaß sind nicht die Sache der Humbrechts.

Anhänger des *terroir*

Angesichts der Vielfalt der erzeugten Weine kann man schon ein wenig den Überblick verlieren. Die Humbrechts sind Anhänger des *terroir* und bauen jede Parzelle separat aus. Ihr wohl berühmtester Wein – oft der beste und in jedem Fall der teuerste – stammt aus dem Clos Saint-Urbain inmitten des Rangen de Thann, des südlichsten Grand Cru im Elsaß. Einer der

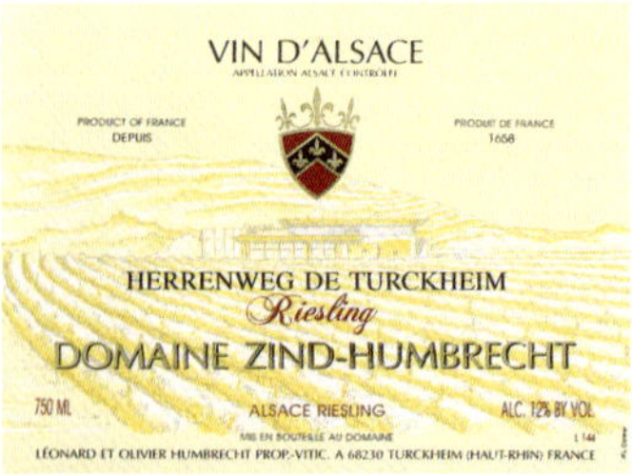

phantastischsten Gewürztraminer der Domaine ist wohl der 96er Rangen de Thann Clos Saint-Urbain, der mit einem Ertrag von nur 12 hl/ha geerntet wurde und trotz 15,4 Alkoholprozenten nicht mal eine Spur brandig wirkt, vielmehr faszinierende Honig- und Unterholzaromen preisgibt. Im Alleinbesitz der Humbrechts befindet sich außerdem der Clos Windsbuhl, ein geschützter Muschelkalkhang bei Hunawihr, sowie der Clos Hauserer in Wintzenheim.

Langsame Gärung und späte Abfüllung

Nicht nur die Gärung verläuft außerordentlich langsam und kann mehrere Monate dauern, auch die Abfüllung wird solange wie möglich hinausgezögert. Erst zu Beginn des übernächsten auf die Ernte folgenden Jahres werden die Spitzenweine auf die Flasche gezogen. Nicht selten sind schon zu diesem Zeitpunkt viele Sorten ausverkauft, die Nachfrage von amerikanischen und japanischen Weinkennern ist groß. Das gilt leider auch für die großen Sélections de Grains Nobles (SGN), wahre Trockenbeerenauslesen, die im Vergleich zur Qualität gar nicht mal teuer sind (gewaltiger, hocheleganter 96er Pinot Gris Clos Jebsal SGN, dessen 190 Gramm Restsüße von pikanter Säure ausgeglichen werden).

Elsässer Wein – der perfekte Speisenbegleiter

Wein und Küche bilden im Elsaß eine untrennbare Einheit. Das beginnt schon in der Küche: Hunderte von Rezepten schreiben Riesling oder Sylvaner, Pinot Blanc oder Rotwein zur Zubereitung zwingend vor. Also gehört Wein als Ingredienz in den traditionellen Fleischeintopf Baeckeoffe, zum *coq au Riesling* (der elsässischen Coq au vin-Variante), in die *matelote*, das berühmte Fischragout, oder zur Sauerkrautplatte, der *choucroute garnie.* Aber welchen Wein genießt man zu den elsässischen Spezialitäten? Und passen Riesling und Gewürztraminer etwa auch zu anderen Gerichten?

Auftakt mit Muscat

Kaum ein Winzer zwischen Marlenheim und Thann läßt die Gelegenheit verstreichen, von seinem Muscat zu schwärmen – jenem trockenen Aperitif, einmalig in der Welt. Und sie haben ja Recht, die Elsässer. Mit seiner leichten, spritzigen Art, der frischen, aber nicht aufdringlichen Säure sowie den charmanten Blütennoten eignet sich der Muscat als Magenöffner mindestens ebensogut wie ein Glas Crémant. Ein wirklich großer Muscat freilich (zumeist ein purer Muscat-Ottonel) kann bei Tisch sehr wohl die Rolle des Rieslings übernehmen und mit herzhaften Vorspeisen oder Fischgerichten mithalten.

Die üblichen Verdächtigen: Pinot Blanc und Sylvaner

Ob zu Flammkuchen und Zwiebeltorte, den elsässischen Nationalgerichten, solo an einem milden Sommerabend – oder zum deftigen Schinken im Brotteig: Die im allgemeinen trockenen und leichten Weine aus dem Chasselas, aus Sylvaner und Pinot Blanc (oder Klevner) sind zu fast jeder Gelegenheit zu empfehlen. Gleiches gilt für den Edelzwicker – sofern er von einem qualitätsbewußten Winzer stammt.

Foie Gras und die ewige Diskussion...

...nämlich jene, ob süße oder trockene Weine besser zur im Elsaß hochgeschätzten Stopfleber passen. Mit den Vendanges Tardives und Sélections de Grains Nobles bringt die Region große Süßweine hervor, doch können diese zu Beginn eines Essens allzu mächtig und sättigend wirken. Häufig ist ein mehr oder weniger trockener Pinot Gris oder Gewürztraminer Grand Cru vorzuziehen. Und sogar ein abgelagerter, sechs oder sieben Jahre gereifter Riesling kann, mit seinen Aromen nach kandierten Zitrusfrüchten, ein Geschmackserlebnis sein.

Riesling, der große Unbekannte

Elsässische Rieslinge unterscheiden sich von ihren deutschen Pendants deutlich – sie sind mineralischer, besitzen mehr Alkohol, jene typischen Aromen nach Zitrusfrüchten und im Alter vielfach den berühmten Petrolton. Die Art des Bodens, der Jahrgang und nicht zuletzt der Stil des Winzers spielen eine wichtige Rolle bei der Auswahl des passenden Weines zum Essen. Rieslinge können saftige Süße besitzen, leichte, trockene und mineralische Art oder monumentale Konzentration. Beratung durch den Winzer, einen Händler oder Sommelier ist beim Riesling unerläßlich. Zu praktisch allen Fischgerichten passen Rieslinge perfekt, oft sogar solche mit merklichem Restzucker. Und die ganz großen, reifen Rieslinge mit der mineralischen Petrolnote? Die Weine à la Clos Sainte-Hune von Trimbach? Sie sollten einfach für sich getrunken werden – kaum ein Gericht kann sich neben ihnen behaupten.

Wein der Zukunft – Gewürztraminer

Zum duftend-reifen Münsterkäse, zum Kugelhupf? Da kann es nur ein Gewürztraminer sein, der hierzulande vielleicht am meisten unterschätzte elsässische Wein. Doch der würzige Traminer ist ein Universaltalent. Praktisch alle Gerichte der asiatischen Küche – mit Ausnahme der japanischen – werden von ihm geradezu symbiotisch ergänzt. Gewürztraminer paßt zu Fleischpasteten oder Curryhuhn, zu Blauschimmelkäse und warmer Apfeltorte. Apropos Kugelhupf – zur salzigen Variante dieses Hefekuchens (mit Speck, Käse oder Schnecken) – ist Gewürztraminer ebenfalls eine kulinarische Offenbarung.

Und zum Fleisch?

Als die Rotweine des Elsaß vor einigen Jahren ausschließlich himbeerrötlich und mit süffiger, säurefrischer Art daherkamen, wollten sie zu deftigen Fleischgerichten nicht recht passen.

Aber nun gibt es Pinot Noir auch dunkler; dank malolaktischer Gärung weicher; dank Barriqueausbau tanninreicher. Niemand, den es nach einem kraftvollen Roten gelüstet, muß heute mehr nach Burgund ausweichen. Zu hellem Fleisch paßt ohnehin oft ein trockener Pinot Gris besser, und selbst Wildgerichte gewinnen manchmal mit einem reifen, trockenen Grauburgunder. Und ein dezent firner Riesling zur zarten Fasanenbrust mit Sauerkrautbeilage? Allemal einen Versuch wert.

Süßes für danach

Die wirklich großen Süßweine des Elsaß, die konzentrierten Spät- und Beerenauslesen, die seltenen Eisweine oder jene noch rareren Strohweine sollten vielleicht eher für sich getrunken werden als zu einem Dessert. Nur so kommt ihr dichtes Aromenspiel nach Aprikosen, Pampelmusenschalen, kandierten Früchten oder Nüssen in angemessenem Maße zur Geltung. Natürlich verdienen es auch Süßspeisen, mit den passenden Weinen zusammen genossen zu werden. Doch erfahrene Sommeliers wissen genau, daß es nichts Schwierigeres gibt, als den richtigen Tropfen zum Dessert auszuwählen. Süße von Speise und Wein müssen exakt aufeinander abgestimmt werden, sonst hat letzterer keine Chance! Filigrane, nach Zitrusfrüchten duftende Riesling Vendanges Tardives mit nicht mehr als dreißig oder vierzig Gramm Restzucker könnten beispielweise mit einem Orangenkuchen harmonieren; vorausgesetzt, dieser wurde mit wenig Zucker zubereitet. Gewürztraminer und Nektarinen – das kann eine veritable Offenbarung darstellen. Schwierig wird es indes bei allen Süßigkeiten, die Schokolade enthalten oder gefroren sind – Kakao und Eis vertragen sich mit Elsässer Weinen ganz und gar nicht. Und zum elsaßweit beliebten Gewürztraminerparfait paßt ohnehin ein Marc de Gewürztraminer besser als jeder Wein.

Elsässer Wein und das passende Glas

Es ist so typisch fürs Elsaß wie Störche, Renaissancefassaden oder Sauerkraut – das Weinglas mit dem schmalen Kelch und dem langen, grünen Stiel. In den Touristenhochburgen wird es im Sechserpack abgegeben, und für einen an Ort und Stelle in einer Winstub genossenen Sylvaner gibt es nichts Passenderes...
Doch das Fassungsvermögen dieses Traditionsglases ist viel zu klein, um eine Entfaltung der Aromen zu ermöglichen. Wirklich große elsässische Weine kommen in solchen Gläsern nicht richtig zur Geltung. In der gehobenen Gastronomie der Region haben sich jedoch mittlerweile elegantere Varianten des klassischen Elsaßglases durchgesetzt. Aus ihnen lassen sich sowohl Weiß- als auch Rotweine genießen, ohne die Folklore zu vernachlässigen. Aber natürlich kann man Rieslinge und Gewürztraminer, Chasselas oder Pinot Noirs mindestens ebensogut auch aus allen international üblichen Weingläsern trinken. Voraussetzung ist ein nicht zu kleiner Kelch, der sich nach oben hin leicht verengt.
Elsässische Weine sollten möglichst kühl getrunken werden. Das gilt besonders für den fruchtigen, oft als Aperitif servierten Muscat oder den Crémant – 8 bis 10 Grad sind hier das Maximum. Je höher die Weinqualität, je älter und reifer der Wein, desto wärmer darf er serviert werden. Also kann ein wirklich großer Riesling bei 13 oder 14 Grad sehr viel aromatischer und vielfältiger wirken als bei lediglich 11 oder 12 Grad. Schwierig wird es beim Pinot Noir: Roséfarbene oder hellrote, tanninarme Weine vertragen keine Wärme: 11, allenfalls 12 Grad sind die ideale Temperatur. Die wenigen wirklich großen Roten entfalten ihr Potential bei 16 Grad wohl am besten. Übrigens bringt das rechtzeitige Dekantieren, das Umfüllen des Weines von der Flasche in eine Karaffe, nicht nur den Rotweinen Vorteile. Auch junge Weißweine der Spitzenkategorie können so eine ganze Menge an zusätzlichen Aromen gewinnen. Das gilt insbesondere für Pinot Gris, für Gewürztraminer von Granitlagen, aber auch für jüngere Rieslinge.

Das grünstielige Weinglas hat im Elsaß Tradition

Eine elegantere Variante des Elsaßglases, ohne grünen Stiel

Aus diesem Glas – in Spitzenrestaurants beliebt – lassen sich Weiß- und Rotweine gleichermaßen genießen

Glossar

Abstich	Trennen des vergorenen Weines von der Hefe
Appellation d'Origine Contrôlée (AOC)	Gesetzliche Ursprungsbezeichnung
Assemblage	Verschnitt
Auxerrois	Rebsorte; im Elsaß oft zusammen mit Pinot Blanc ausgebaut
Barrique	Ein ca. 225 Liter fassendes Eichenholzfaß, das dem Wein mehr oder weniger deutliche Holzaromen vermittelt. Vor allem bei der Bereitung hochwertiger Rotweine populär
Batonnage	Methode der Weinbereitung: Aufrühren der Hefe im Faß/Tank
Biologischer Säureabbau	Auch als malolaktische Gärung bezeichnet. Umwandlung von Äpfelsäure in Milchsäure und Kohlendioxid. Üblich bei Rotweinen, seltener bei Weißweinen
Botrytis	Edelfäule, läßt die Zuckerkonzentration in den Trauben steigen und die Beeren-/Trockenbeerenauslesen (Sélections de Grains Nobles) entstehen
Cave Vinicole	Winzergenossenschaft
Chaptalisieren	Anreichern des Mostes mit Zucker; im allgemeinen üblich und für die meisten Weine (Ausnahmen: VT und SGN) erlaubt

Chardonnay	In geringem Umfang angebaute Rebsorte im Elsaß
Chasselas	Synonym für Gutedel
Clos	Ein natürlich abgegrenzter oder ummauerter Weinberg
CO_2	Kohlendioxid, entsteht bei der alkoholischen und malolaktischen Gärung
Crémant d'Alsace	Elsässischer Schaumwein, in der Flasche vergoren
Cuvée	Spezielle Abfüllung eines Weines, manchmal auch Verschnittwein
Degorgieren	Entfernen der Hefe beim Sekt nach der Flaschengärung
Dosage	Zugabe einer Zuckerlösung zum Sekt nach der Flaschengärung
Edelzwicker	Assemblage verschiedener Rebsorten, zumeist preiswerter Alltagswein
Ganztraubenpressung	Kelterung der ganzen, nicht abgebeerten (von den Stielen befreiten) Trauben
Gentil	Altes, heute wieder gebräuchliches Synonym für Edelzwicker
Gewürztraminer	Wichtige elsässische Rebsorte
Grand Cru	Klassifizierte Rebfläche und der hier erzeugte Wein
Hefen	Zur Vergärung kann man entweder die traubeneigenen Hefen oder speziell selektierte Reinzuchthefen verwenden; viele Winzer lassen den Wein nach der

	Gärung noch einige Zeit in Kontakt mit den Feinhefen
INAO	Institut National des Appellations d'Origine; Institut zur Überwachung der weinrechtlichen Bestimmungen
Kelterung	Praktiziert wird immer häufiger die Kelterung (Pressung) der Trauben mittels besonders schonend arbeitender pneumatischer Pressen. Verbreitet sind aber auch noch die mechanisch arbeitenden Pressen
Klevener de Heiligenstein	Nur in Heiligenstein angebaute, mit dem Gewürztraminer verwandte Rebsorte
Klevner	Im Elsaß Synonym für Pinot Blanc
Lieu-dit	Begriff für eine nicht als Grand Cru klassifizierte Rebfläche
Maischegärung	Methode der Rotweinbereitung
Malolaktische Gärung	siehe *Biologischer Säureabbau*
Mostgewicht	Zuckergehalt der Beeren (in Grad Öchsle)
Muscat	Im Elsaß zumeist eine Assemblage aus Muscat à Petits Grains und Muscat-Ottonel
Négociant	Händler, der Trauben, Most oder Wein dazukauft und selbst abfüllt
Öchsle	siehe *Mostgewicht*
Petrolton	An Petroleum erinnernde Aromen vieler gereifter Rieslingweine
Pinot Blanc	Weißer Burgunder; wichtige elsässische Rebsorte

Pinot Gris	Grauer Burgunder; wichtige elsässische Rebsorte, auch Tokay d'Alsace genannt
Pinot Noir	Blauer Spätburgunder, einzige Rotweinrebsorte im Elsaß
Réserve	Phantasiebezeichnung ohne rechtliche Bedeutung
Riesling	Wichtige elsässische Rebsorte
Schönung	Methoden der Klärung und Stabilisierung des Weines
Sélection de Grains Nobles (SGN)	Beeren-/Trockenbeerenauslese
Sylvaner	Silvaner; wichtige elsässische Rebsorte
Terroir	Meint den Charakter der Lage (Boden, Mikroklima), der nach Ansicht vieler Winzer im Wein wiederzufinden sein sollte
Tokay d'Alsace	Traditionelle Bezeichnung für den Grauen Burgunder; darf heute nur in Verbindung mit dem Begriff Pinot Gris auf dem Etikett stehen
Tradition	Phantasiebezeichnung ohne rechtliche Bedeutung
Vendange Tardive (VT)	Oder: Vendanges Tardives; wörtlich Spätlese; entspricht qualitativ einer deutschen Auslese
Vieilles Vignes (VV)	Wein von mindestens 25 Jahre alten Reben
Vin de Glace	Eiswein, aus gefrorenen Beeren gekeltert
Vin de Paille	Strohwein, traditionsreiche süße Spezialität im Elsaß

Bezugsquellen

Ausgewählte Weinhandlungen in Deutschland mit einem guten Angebot an elsässischen Weinen (in Klammern die Namen jener Güter, die in größerem Umfang im Sortiment vertreten sind)

AACHEN
Nagel & Hoffbaur
(Joseph Cattin)
Theaterstraße 65
52062 Aachen
Tel. 0241/470160

ALGERMISSEN
Barrique Weinimport
Leineweberstraße 33
31191 Algermissen
Tel. 05126/9700

BADEN-BADEN
Les Vignes de France
(Cave Vinivole d'Obernai, Preiss-Zimmer)
Postfach 100110
76482 Baden-Baden
Tel. 07221/390402

Schenk (Deiss)
Ludwig-Wilhelm-Platz 4
76530 Baden-Baden
Tel. 07221/3540

BERGHEIM
Jacques Biehl
(Dopff au Moulin)
Hauptstraße 40a
50126 Bergheim
Tel. 02271/43001

BERLIN
Cave de Bacchus
(Gisselbrecht)
Westfälische Straße 33
10709 Berlin
Tel. 030/8922023

Friedenauer Weinhandlung
(Meyer-Fonné, Barmès-Buecher)
Hauptstraße 80b
12159 Berlin
Tel. 030/8593781

Hardy
(François Baur)
Thielallee 29
14195 Berlin-Dahlem
Tel. 030/8312598

Le Sommelier (Muré)
Westfälische Straße 55
10711 Berlin
Tel. 030/8918424

Viniculture (Ostertag)
Grolmannstraße 44–45
10623 Berlin
Tel. 030/8838174

Vins de France
(Frick, Weber)
Postfach 840121
12531 Berlin
Tel. 030/65880190

Wegehaupt (Blanck)
Charlottenstraße 1
10969 Berlin
Tel. 030/2521165

Wein & Glas Compagnie (Blanck, Kreydenweiss, Kuentz-Bas)
Prinzregentenstraße 2
10717 Berlin-Wilmersdorf
Tel. 030/2351520

BOLLSCHWEIL
Wein-Wehrle
(Schlumberger)
Ölbergweg 33
79283 Bollschweil
Tel. 07633/982460

BONN
Wein-Wolf (Trimbach)
Königswinterer Straße 552
53227 Bonn
Tel. 0228/4496230

BREISACH
Geldermann (Léon Baur)
Am Schlossberg 1
79206 Breisach
Tel. 07667/834262

BREMEN
Eggers Sohn
(Cave Vinicole d'Obernai)
Postfach 106060
28060 Bremen
Tel. 0421/691530

In Vino
Heinz-Kerneck-Straße 18
28307 Bremen
Tel. 0421/488470

Reidemeister & Ulrichs
(Dopff & Irion)
Auf der Muggenburg 7
28217 Bremen
Tel. 0421/39940

Stahlhut (Muré)
Hermann-Funk-Straße 9
28309 Bremen
Tel. 0421/454071

Vinum Weinhandel
(Barmès-Buecher, Deiss,
Landmann)
Wachmannstraße 39
28209 Bremen
Tel. 0421/3479094

BUCHLOE
Alpina (Deiss)
Alpenstraße 35–37
86807 Buchloe
Tel. 08241/50050

BÜHL
Josef Zink
(Beck, Gisselbrecht, Lorentz)
Vogesenstraße 2a
77815 Bühl
Tel. 07223/98620

DORTMUND
Hasenbring & Co. (Jung)
Märkische Straße 22
44171 Dortmund
Tel. 0231/524952

Mövenpick Weinland
(Rieffel, Zind-Humbrecht)
Brennaborstraße 5
44149 Dortmund
Tel. 0231/9651560

DÜSSELDORF
Jacques' Weindepot
(Albrecht)
Bilker Allee 49
40219 Düsseldorf
Tel. 0211/390020

Mühlensiepen
(Boeckel)
Bonner Straße 177
40589 Düsseldorf
Tel. 0211/9897272

Prehm und Arendt
(Deiss)
Düsselthaler Straße 48a
40211 Düsseldorf
Tel. 0211/482018

Stecher & Krahn
(Albrecht)
Parkstraße 31
40477 Düsseldorf
Tel. 0211/4920095

Tony van den Broeke (Boxler)
An St. Lambertus 4
40489 Düsseldorf
Tel. 0211/402481

ESSEN
Mary's Weinhandel (Muré)
Holsterhauser Str. 46
45147 Essen
Tel. 0201/784323

Weinzeche (Julien Meyer,
Cave Vinicole de Hunawihr, Rieffel)
Rotthauser Straße 44
45309 Essen-Kray
Tel. 0201/550024

EUSKIRCHEN
Wein und Kunst-Handel
(Lorentz)
Mittelstraße 2
53879 Euskirchen
Tel. 02251/72281

FRANKFURT
Maison Lanz (Stoeffler)
Darmstädter Landstraße 92
60598 Frankfurt
Tel. 069/620685

GARMISCH-PARTENKIRCHEN
Kraus (Gisselbrecht)
Grubenkopfstraße 15
82467 Garmisch-Partenkirchen
Tel. 08821/51292

GIESSEN
Weincontor Pfeffermann
(Stoeffler)
Pfarrgarten 6
35390 Gießen
Tel. 0641/37660

GRIESHEIM
vino e arte
Oberndorfer Straße 75
64347 Griesheim
Tel. 06155/830463

HALSTENBEK
Hela Wein-Import
(Wunsch & Mann)
Hauptstraße 32
25469 Halstenbek
Tel. 04101/44111

HAMBURG
Hawesko (Blanck)
20243 Hamburg
Tel. 04122/50400

Pinot Gris
(Kreydenweiss)
Altonaer Straße 70
20357 Hamburg
Tel. 040/4399701

Cord Stehr (Kuentz-Bas)
Hofweg 62
22085 Hamburg
Tel. 040/225409

HOCHHEIM
Frankhof-Kellerei
(Léon Beyer)
Burgeffstraße 19
65329 Hochheim
Tel. 06146/9030

HODENHAGEN
Paul Starosky & Sohn
(Cave Vinicole de Ribeauvillé,
Cave de Turckheim, Weinbach,
Zind-Humbrecht)
Postfach 1161
29691 Hodenhagen
Tel. 05164/533

KEHL
France Vinicole
(Ostertag, Josmeyer)
Hafenstraße 20
77694 Kehl
Tel. 07851/74010

KÖLN
Karola Dünwald
(Muré)
Weisser Straße 143–145
50972 Köln
Tel. 0221/352624

Fegers & Unterberg & Berts
(Barmès-Buecher, Kreydenweiss,
Schlumberger)
Heumarkt 5
50667 Köln
Tel. 0221/9259300

Heuschrecke
(Kreydenweiss)
Krefelder Str. 18
50670 Köln
Tel. 0221/7200578

Weinhaus Brelion
(Cave Vinicole de Cleebourg)
Forststraße 97
51107 Köln
Tel. 0221/865565

Weinstraße Adolph
(Cave Vinicole de
Pfaffenheim)
Sachsenring 38
50677 Köln
Tel. 0221/312413

KREFELD
Vom Ende & Pohl (Deiss)
Am Hohen Haus 2
47799 Krefeld
Tel. 02151/25656

LEBACH
La Cave Française
(Cave Vinicole de Cleebourg)
Saarbrücker Straße 40
66822 Lebach
Tel. 06881/4719

LEER
Wolff (Gisselbrecht)
Rathausstraße 16–18
26789 Leer
Tel. 0491/925230

LEIPZIG
Rieder (Muré)
Wilhelm-Leuschner-Platz 9
04107 Leipzig
Tel. 0341/9607904

MANNHEIM
Francimport (Klipfel)
Markircher Straße 14
68229 Mannheim
Tel. 0621/4843090

MARKTHEIDENFELD
Pietsch GmbH
Brückenstraße 9
97828 Marktheidenfeld
Tel. 09391/98290

MECKENHEIM
Schlumberger (Schlumberger)
Buschstraße 20
53340 Meckenheim
Tel. 02225/9250

MEERSBURG
Georg Hack (Klipfel)
Schützenstraße 1
88709 Meersburg
Tel. 07532/9097

MÖNCHENGLADBACH
Barrique (Meyer-Fonné)
Urftstraße 99
41239 Mönchengladbach-Rheydt
Tel. 02166/30792

MÜNCHEN
Geisel's Vinothek (Ostertag)
Schützenstraße 11
80335 München
Tel. 089/55137140

Feinkost Käfer
Prinzregentenstraße 73
81675 München
Tel. 089/41681

MÜNSTER
Maison de France
(Deiss, Jung)
Friesenring 49
48147 Münster
Tel. 0251/925250

NÜRNBERG
Kössler & Ulbricht
(Schoffit)
Nordostpark 78
90411 Nürnberg
Tel. 0911/525153

Pinot Weinhandel
(Léon Baur, Deiss, Kreydenweiss,
Zind-Humbrecht)
Rückertstraße 11
90419 Nürnberg
Tel. 0911/330433

POTSDAM
In Vino
(Meyer-Fonné)
Dortustraße 17
14467 Potsdam
Tel. 0331/2800501

RADOLFZELL
Josef Mayer
(André Pfister)
Herrenlandstraße 69
78315 Radolfzell
Tel. 07732/99790

SAARBRÜCKEN
Delia Baumgarten
(Cave de Turckheim,
Pierre Sparr)
St. Arnualer Markt 6
66119 Saarbrücken
Tel. 0681/851017
Kurt Burgard (Cave Vinicole de
Kientzheim-Kaysersberg, Boeckel,
Lucien Albrecht, Klipfel, Hugel,
Zind-Humbrecht)
Postfach 450 233
66060 Saarbrücken
Tel. 0681/880010

DFW Kiefer (Wolfberger)
Am Felsbrunnen
66119 Saarbrücken
Tel. 0681/883440

Goebel (François Baur)
Gersweiler Str. 39
66117 Saarbrücken
Tel. 0681/55002

Hauck – Das Weinhaus
St. Johanner Markt 7
66111 Saarbrücken
Tel. 0681/31919

Vinipro
Mainzer Straße 116
66121 Saarbrücken
Tel. 0681/99630

Weine Wuttke (Kientzler, Mochel)
Kreisstraße 134
66128 Saarbrücken
Tel. 0681/700803

SAARLOUIS
Pinard de Picard (Deiss,
Kreydenweiss, Meyer-Fonné,
Schoffit)
Dorfstraße 108
66740 Saarlouis
Tel. 06831/122729

STOLBERG
BTX (Weinbach)
Am Glasofen 9
52222 Stolberg
Tel. 02402/20068

SULZBACH-NEUWEILER
Baus & Provot
(Dopff au Moulin)
Dudweiler Straße 57
66280 Sulzbach-Neuweiler
Tel. 06897/4266

WEINHEIM
Friedel Keller Weinimport
(Rolly-Gassmann)
Handelsstraße 38
69469 Weinheim
Tel. 06201/13024

WEYHE
Segnitz/Bremer Weinkolleg
(Hugel)
Löwenhof
28844 Weyhe
Tel. 04203/81300

WOLFRATSHAUSEN
Oppenheimer
(Jung)
Kastanienstraße 24
82515 Wolfratshausen
Tel. 08171/18887

WUPPERTAL
BODA-Weinhaus
(Barmès-Buecher)
In der Beek 33
42113 Wuppertal
Tel. 0202/711717

Register

(Ortsnamen halbfett, Winzernamen in Normalschrift)
